PRAISE COLLECTION VOL. 4

프레이즈

비전북출판사

프레이즈 VOL. 4

1판 1쇄 인쇄 : 2001년 12월 20일
1판 1쇄 발행 : 2002년 1월 5일

편 자 : 편집부 / 악보정사 : 박아영
발행인 : 이원우 / 발행처 : **비전북출판사**
주 소 : (121-839) 서울시 마포구 서교동 388-1 대강 B/D 201호
전 화 : (02)3141-9090(대) / 팩 스 : (02)3144-6620

Homepage : www.Visionbooks.co.kr
E-mail : Vsbook@hanmail.net
등록번호 : 제10-1452호

공급인 : 박종태 / 공급처 : **비전북**
전 화 : (031)907-3927 / 팩 스 : (080)403-1004

Copyright ⓒ 2002 **비전북출판사** Printed in Korea
값 4,000원

ISBN 89-87613-80-1 03230

프레이즈 VOL. 4를 내면서 …

이것들을 증언하신 이가 이르시되 내가 진실로 속히 오리라 하시거늘
아멘 주 예수여 오시옵소서(요한계시록 22 : 20)

이 시대를 살아가는 젊은 크리스천들은 교회와 자신들이
어떤 모양으로 세상에 존재해야 하는가에 대하여 엄청난 혼란을 겪고 있습니다.
그것은 우리들의 활동으로 교회를 세워 가고 자신들의 삶을 이루어 가는 것이 아니라
하나님의 역사하심으로 가능한 것임을 잊어버리고 있기 때문입니다.
하나님께서 우리의 모든 삶의 영역에 대한
여러 가지 의사를 결정하시고 지도해 주셔야만
이 혼란한 시대를 크리스천의 자기 정체성을 가지고 살아갈 수가 있습니다.
우리는 교회와 우리 자신의 삶을 너무 인간 중심적으로
바라보는 것이 근본적인 문제라고 생각합니다.
교회와 우리의 삶은 하나님의 영광을 위하여 하나님께서 친히 만드신 것이 아니라
우리의 필요 충족과 자기 만족을 위하여 우리가 만들고 운영하는 것이라고 생각합니다.
그러나 우리가 기도하고 찬양하며, 말씀을 읽고, 묵상하며 그리고 연구하여 공부한다면
성령님의 도우심으로 하나님의 깊은 뜻을 깨닫게 되고
하나님의 전신갑주를 입어 이 세대를 분별히며 살아길 수가 있습니다.
그렇게 되면 우리들 인생의 궁극적인 목적으로
하나님의 영광을 추구하고 찬양하게 될 것이 분명하며,
반드시 다시 오실 주님을 기다리게 될 것입니다! 마라나타!

우리가 주의 말씀으로 너희에게 이것을 말하노니 주께서 강림
하실 때까지 우리 살아 남아 있는 자도 자는 자보다 결코 앞서
지 못하리라 주께서 호령과 천사장의 소리와 하나님의 나팔 소
리로 친히 하늘로부터 강림하시리니 그리스도 안에서 죽은 자
들이 먼저 일어나고 그 후에 우리 살아 남은 자들도 그들과 함
께 구름 속으로 끌어 올려 공중에서 주를 영접하게 하시리니
그리하여 우리가 항상 주와 함께 있으리라

(데살로니가전서 4 : 15-17)

그날에 이르러 주님의 위엄과 그 광대하심을 세상이 보리라 ♪

열방과 세계가 주 보좌 앞에서 엎드려 절하며 경배하리 ♬

편집하면서

프레이즈 VOL. 4는 청년들과 청소년들을 위해 그 대상에 맞게 엄선한 찬양곡들의 모음입니다.
새로운 편집에 의한 차례와 구성을 살펴보겠습니다.

Chapter 1 : BEST SONG

많이 드려질 수 있는 찬양을 따로 분류함으로써 찬양 예배시 곡 선정에 도움이 되도록 했습니다.

Chapter 2 : 새노래

새노래를 따로 분류함으로써 배움과 나눔에 있어서 효율성을 기했습니다.
그리고 각각의 새노래는 진행되는 차례와 주제에 맞게끔 재분류를 하였습니다.

Chapter 3 : 경배와 찬양

예배의 중심이 되는 찬양으로서 주제별로 구분하였습니다. 구분은 **경배와 찬양, 고백과 간구,
감사와 사랑, 헌신과 의탁, 기쁨과 소망, 속죄와 구원, 치유와 회복, 선교와 전도, 선포와 명령,
영적전쟁과 승리** 등으로 되어 있어 예배 성격과 흐름에 맞는 곡 선정에 도움이 되도록 하였습니다.

Chapter 4 : 축복과 평안

교제와 축복 그리고 평안과 화합을 위한 찬양을 따로 분류하여 회중들 간의 교제에
도움이 되도록 하였습니다.

Chapter 5 : 특별찬양

특송과 발표를 위한 곡들을 선정하여 분류하였습니다.

INDEX : 수록음반색인 가나다순, 제목별 분류, 주제별 분류, 가사첫줄 가나다순, 노래번호순

본서에 게재된 곡들을 다양한 방법으로 분류하여 쉽게 곡을 배울 수 있도록 하였습니다.

프레이즈 VOL. 4가 여러분들의 하나님을 향한 섬김에 도움이 된다면 실로 큰 감사가 아닐 수 없습니다.
반드시 다시 오실 주님을 찬양합시다!

프레이즈

Contents
&
Index

Praise

노래번호순

BEST SONG

1. 내 마음에 주를 향한 사랑이
   (십자가의 길 순교자의 삶)
2. 민족의 가슴마다(그리스도의 계절)
3. 삶에 작은 일에도(소원)
4. 오 예수님 오신(그의 길을 따르며)
5. 주의 성령이(자유에의 길)
6. 때론 네게 눈물의 고통이 와도
   (담대하라)
7. 세상의 자유를 좇아(자유케 하리)
8. 너무 멀리 왔나요(너무 늦은 건가요)
9. 나 어디 거할지라도
10. 나 무엇과도 주님을
11. 하나님이시여(시편 51편)
12. 천년이 두 번 지나도
13. 사랑해요 당신을(사랑하는 이에게)
14. 힘들고 지쳐(너는 내 아들이라)
15. 감사해요 깨닫지 못했었는데
    (또 하나의 열매를 바라시며)
16. 새로워 질 수 있다는(주 닮도록)
17. 내가 천사의 말 한다해도
    (사랑없으면)

새노래

18. 성령의 바람 불어와(Wind of God)
19. 영광 영광 주 임하실 때
20. 어둠속에서 불러내어
21. 내 모든 삶의 행동
22. 주 이름에 복 있도다
23. 주 계신 곳(날 새롭게 하소서)
24. 주의 임재가 있는 곳(지성소)
25. 주님 같은 반석은(만세반석)
26. 주의 집에 영광이 가득해
27. 우리가 밟는 땅을
    (주님의 구원 온 세계 위에)
28. 모든 존귀 주님께 드립니다

29. 영원 전부터 계시는 주님
30. 우리 죄 위해 죽으신 주
31. 들리는가
32. 내 영혼의 보호자
33. 내 눈으로 주 얼굴 볼 수 없고
34. 거룩한 이름
35. 하늘이여 기뻐하라
36. 주의 사랑 저 하늘에 미치고
37. 이 나라 향한 우리 소망
38. 주님 오실 때
39. 주님의 그 품으로
40. 예수님 목 마릅니다(성령의 불로)

C CODE

41. 모든 영광 존귀 능력
42. 나의 힘이 되신 여호와여
43. 가난한 자와 상한 자
    (한라와 백두와 땅끝까지)
44. 찬양 받으시기 합당한 분
45. 거리마다 기쁨으로
46. 기뻐하라
47. 나의 죄를 사하시려
48. 소리쳐 찬양해
49. 내가 아파서(나의 귀한 시간)
50. 예수 예수
51. 사람들 왜 이리(나의 사랑 예수님)
52. 죄악이 세상에 관영할 때
    (방주 지어요)
53. 형제를 사랑하사
54. 오늘도 하루가 지나네
    (나의 날 계수하게 하소서)
55. 주의 사랑 내게 임할 때
56. 왕이신 나의 하나님
57. 무엇이 그렇게(믿음과 현실사이)
58. 염려 말아라 주가
    (염려 말아라 내 형제여)
59. 보이지 않는 영원한 왕

60. 내 영광 내 머리를 드는 주
61. 아버지께 사랑과 찬양
    (홀로 영광 받으소서)
62. 내 입술의 말과(시편 19편)
63. 유다의 사자 일어나
64. 우리 손에 가진 것이(가족)
65. 네 모든 짐을 주께 맡겨
66. 여호와는 나의
67. 오직 주님만을
68. 주님의 손으로 지으신
69. 높이리라
70. 창조의 아버지
71. 주 보좌로 부터(주님의 강이)
72. 힘없고 연약한 우리(Jesus)
73. 예수를 보네
74. 우린 겨우 살아남은 것 아니요
75. 세상의 빛으로
76. 하나님은 우리를 긍휼히(시편 67편)
77. 주의 말씀은

D CODE

78. 생명 주께 있네
79. 오 주님 우리들을
80. 어떤 길로 그분 따르고(그가 아시니)
81. 주님의 마음으로 나 춤추리
    (주님의 춤추리)
82. 주님의 보좌 앞에서
83. 주가 날 사랑해
84. 그 피로 이 성전을 정결하게
85. 내가 너를 지명하여(너는 내것이라)
86. 아름다운 주님
87. 나 주님 알기 원하네
88. 아름다우신 주
89. 예수님의 보혈로
90. 너는 그리스도의 향기라
91. 주님의 사랑이
92. 주여 진실하게 하소서

93. 주는 내 삶의 힘
94. 주 의지하리라(주 의지하라)
95. 우 - 우리 기도를
96. 내 마음 간절하게
97. 하나님의 아들 독생자 예수
98. 존귀와 영광의 주님
99. 나는 주를 찬양하리
100. 새 일을 행하소서
101. 영광을 돌리세
102. 예수 놀라운 주님(예수)
103. 내 손을 들고(내 손 들고)

E CODE

104. 주는 그리스도시요
     (예수 귀하신 이름)
105. 선하신 목자
106. 구원의 주 날 건지사
107. 그날에 이르러
108. 감사 드려
109. 나의 이름으로 모이는 곳에
110. 내게 구하라
111. 목마른 자들아
112. 부활했네
113. 주를 높이리
114. 주께서 높은 보좌에
115. 나는 오직 주님의
116. 사랑합시다
117. 이 날은 주가 지으신 날
118. 너희는 가라
119. 너는 너의 본토
     (너는 복의 근원될지라)
120. 할렐루야 찬양 예수
121. 하나님의 마음에(복의 근원)
122. 주님의 사랑 나의 맘속에
123. 아름다웠던 지난 추억들
     (친구의 고백)
124. 선포하리 선하신 주
125. 기쁨의 노래를 부르며
126. 두려운 마음 가진 자여
     (주 오셔서 구하시리)

F CODE

127. 주께 가까이 날 이끄소서
128. 다와서 주 영광을 보며
129. 온 천하 만물들아
130. 평화의 도구로 써 주소서
131. 주님의 은혜로
132. 주 임재하시는 곳에
133. 나 이제 예수님 발 아래
134. 내가 주를 따를 때
135. 우리를 지으시고
136. 해가 뜨는 아침에
137. 주의 영광 임하실 때
138. 이제 주님의 보혈로
139. 하나님이여 (시편 51:10)
140. 나의 모든 것을
141. 십자가의 주님 흘리신 물과 피
142. 땅의 모든 족속이
143. 주는 나의
144. 주님의 사랑 밝은 낮과 같이
     (주님의 사랑)
145. 주는 높이 들리리
146. 나의 주 영원히 찬양해
147. 수 이름 높이 늘려
148. 이 시간
149. 깨어진 심령
150. 생명의 강에 오라
151. 온 세상 향한
152. 광대하신 주 찬양하리라
153. 예수 하나님 아버지의 아들
154. 기쁨으로 주 찬양
155. 예수 예수 아름다운 주
     (아름다운 주)

G CODE

156. 나의 맘을 주께
157. 이 나라 이 백성의
     (일어나라 하나님의 사람들이여)
158. 주의 성령 이곳에 임하소서
159. 하늘과 땅 모두 즐거워하라

160. 내 영혼이 내 영혼이(아침묵상)
161. 함께 주의 이름 높여 드리세
162. 부흥 있으리라
163. 우리의 가진 모든 것을
164. 내 모든 소망
165. 거룩하신 전능의 왕 앞에
166. 감사드리세 주께
167. 내 갈길 모르나
168. 주님의 이름은 참 견고한 망대
169. 주를 높이기 원합니다
170. 죽임을 당하신 어린양이
171. 전능하신 주는 거룩
172. 내가 여호와를
173. 정한 때가 있나니
     (의인은 그 믿음으로)
174. 오 주님나라 임하리
175. 영광 주님께 영광
176. 내 아버지의 집
177. 내 슬픔 변해
178. 할렐루 할렐루야
179. 왕께 찬양
180. 마지막 날에
181. 아버지 품안에
182. 틀어 주소서
183. 하늘이 선포하고
184. 이 땅 위에 오신
185. 무거운 짐진자들아
186. 하나님 아버지와 내 자신을
     (전신갑주)
187. 보라 새 일을
188. 일어나라 주의 백성
189. 소망의 하나님
190. 주님의 말씀 위에
191. 이 세상의 그 무엇으로
     (내 한가지 소원)
192. 나는 주를 작게 보았네
193. 주께 가까이
194. 내 눈 주의 영광을
     (모든 열방 주 볼 때까지)
195. 믿음의 형제들이여

Praise
Maranata!

196. 강한 용사 높여 드리네
197. 보좌에 계신 주를
198. 여호와는 나의 목자시니 (목자)
199. 우리는 여호수아 세대이니
200. 전능하신 주님 (God is able)

A CODE

201. 주님 이곳에 임하소서
202. 내 마음에 임하소서
203. 주님의 이름 들고
204. 창조주 여호와
205. 주의 용사여 모두 일어나
206. 나 여호와가 말하노라
     (너희를 향한)
207. 지금은 엘리야 때처럼
208. 내 영혼이 주를 따르리
209. 찬양 받기에 합당하신 주님
210. 왕 되신 주 앞에 경배드리세
211. 하나님 아들되신 예수
     (참 사랑의 예수)
212. 깨어라 어둔 네 무덤에서
213. 나 주의 것
214. 주를 사랑 사랑 (왕되신 주)
215. 사랑해요 그 은혜와 자비
216. 주님 곁으로 날 이끄소서
217. 하늘 위에 주님 밖에
218. 예비하라 (부흥의 그날)
219. 할렐루 할렐루 할렐루
220. 하나님이 세상을 (은혜)
221. 구원하심이 보좌에
     (대저 물이 바다덮음같이)
222. 모든 능력과 모든 권세
223. 일어나라 빛을 발하라
224. 주는 토기장이
225. 주님을 따라 (그날까지)
226. 부흥변화 온 땅을 (중보기도)
227. 새 영을 부어주소서
228. 송축하라 하나님
229. 하나님의 꿈을 가지고서 (구하라)

MINOR CODE

230. 성령 하나님 나를 만지소서
231. 하늘의 권세 가지사
232. 주님 계신 곳에 나가리
233. 채워 주소서
234. 내가 그리스도와 함께
235. 어린양의 흘리신 피로
236. 온 땅과 하늘의 주
237. 호산나 다윗의 자손이여
238. 태초에 하나님이
239. 하늘에는 주께 영광
240. 예수 예수 나를 구원하신 이름
241. 너희를 향한 나의 생각
242. 우리는 주의 용사요
243. 찬양해요 하나님의 아들
244. 성령안에 행하며
245. 할렐루야 호산나
246. 어둠의 그늘 (창문을 비추소서)
247. 주님의 산
248. 나 이제 자유하네
249. 이전엔 우리 모두
250. 그날에 말씀하신
     (이 산지를 내게 주소서)
251. 여호와는 내 빛과 구원
252. 성령의 불로 날 태우소서
253. 주여 나를 예배의 도구로
254. 주님을 찬양합니다
255. 예수 전능자
256. 거룩하신 주님 (야훼)
257. 하늘의 전쟁
258. 영광의 왕 들어가시네
259. 고요한 이 시간에
260. 유다의 사자 외쳐
261. 나의 하나님 고쳐 주소서
262. 주의 얼굴 구하오니
     (아바 아버지여)
264. 내가 내 교회를 세우리니

Bb CODE

263. 힘들고 외로워질때면 (외로울때면)
265. 야, 외쳐라
266. 성령의 불을 보내 주소서
267. 지극히 높으신 주님 안에
268. 광대하신 주
269. 여호와의 큰 열심이
270. 눈보다 더 희게
271. 전쟁 중에도 (Praise to the Lord)
272. 성령이여 비를 내려
273. 온 세상에 가득히
274. 예수보다 더 큰 사랑
     (No greater Love)
275. 하나님은 우리의 피난처가 되시며

축복과 평안

276. 존귀한 형제의 모습
     (존귀한 이에게)
277. 우리에게 축복을 (축복을 베푸소서)
278. 천만년이 지나도
279. 축복해요
280. 주님께 감사
281. 당신과 하나 돼 (사랑의 다리)
282. 내 맘에 주님이 계셔 (주님의 마음)
283. 사랑합니다 나의 예수님
284. 온 세상이 아름답게 (축복송)
285. 사랑을 나눠요 (영원한 사랑)
286. 아버지 사랑 (축복하소서)
287. 강물같은 주의 은혜
288. 세상을 축복하라 (복의 근원2000)
289. 우리가 만난 것은
     (오늘 같이 기쁜날)
290. 이렇게 아름다운 하늘 아래
291. 형제가 연합해 동거할 때

특별찬양

292. 하나님 나라는
293. 예수 온 땅을 다스리시는 분
294. 주님 계신 그 곳에서

Maranata!
Praise

295. 전능하사 천지를(사도신경)
296. 하나뿐인 귀한 아들
       (주님 나라 임했네)
297. 땅끝에서부터
298. 주 성령의 불로 새롭게 하소서
299. 예수 주 승리하심 찬양해
300. 거룩하신 주의 이름
301. 언제라도(광야)
302. 나의 밝은 눈을 보아요(바른 생활)
303. 그날 그날이(그날에)
304. 네 안에
305. 주의 성령이시여
306. 어둠의 세상에
307. 새하늘, 새땅, 새천년

차 례 가사첫줄 가나다순

가사첫줄 가나다순

가

가난한 자와 상한 자 43
감사 드려 108
감사드리세 주께 166
감사해요 깨닫지 못했었는데 15
강물같은 주의 은혜 287
강한 용사 높여 드리네 196
거룩하신 전능의 왕 앞에 165
거룩하신 주님 256
거룩하신 주의 이름 300
거룩한 이름 34
거리마다 기쁨으로 45
고요한 이 시간에 259
광대하신 주 268
광대하신 주 찬양하리라 152
구원의 주 날 건지사 106
구원하심이 보좌에 221
그날 그날이 303
그날에 말씀하신 250
그날에 이르러 107
그 피로 이 성전을 정결하게 84
기뻐하라 46
기쁨으로 주 찬양 154
기쁨의 노래를 부르며 125
깨어라 어둔 네 무덤에서 212
깨어진 심령 149

나

나는 오직 주님의 115
나는 주를 작게 여겨 192
나는 주를 찬양하리 99
나 무엇과도 주님을 10
나 어디 거할지라도 9
나 여호와가 말하노라 206
나의 맘을 주께 156
나의 모든 것을 140

나의 밝은 눈을 보아요 302
나의 이름으로 모이는 곳에 109
나의 죄를 사하시려 47
나의 주 영원히 찬양해 146
나의 하나님 고쳐 주소서 261
나의 힘이 되신 여호와여 42
나 이제 예수님 발 아래 133
나 이제 자유하네 248
나 주님 알기 원하네 87
나 주의 것 213
내가 그리스도와 함께 234
내가 내 교회를 세우리니 264
내가 너를 지명하여 85
내가 아파서 49
내가 여호와를 172
내가 주를 따를 때 134
내가 천사의 말 한다해도 17
내 갈길 모르나 167
내게 구하라 110
내 눈으로 주 얼굴 볼 수 없고 33
내 눈 주의 영광을 194
내 마음 간절하게 96
내 마음에 임하소서 202
내 마음에 주를 향한 사랑이 1
내 맘에 주님이 계셔 282
내 모든 삶의 행동 21
내 모든 소망 164
내 손을 들고 103
내 슬픔 변해 177
내 아버지의 집 176
내 영광 내 머리를 드는 주 60
내 영혼의 보호자 32
내 영혼이 내 영혼이 160
내 영혼이 주를 따르리 208
내 입술의 말과 62
너는 그리스도의 향기라 90
너는 너의 본토 119

너무 멀리 왔나요 8
너희는 가라 118
너희를 향한 나의 생각 241
네 모든 짐을 주께 맡겨 65
네 안에 304
높이리라 69
눈보다 더 희게 270

다

다와서 주 영광을 보며 128
당신과 하나 돼 281
두려운 마음 가진 자여 126
들리는가 31
들어 주소서 182
땅끝에서부터 297
땅의 모든 족속이 142
때론 네게 눈물의 고통이 와도 6

마

마지막 날에 180
모든 능력과 모든 권세 222
모든 영광 존귀 능력 41
모든 존귀 주님께 드립니다 28
목마른 자들아 111
무거운 짐진자들아 185
무엇이 그렇게 57
민족의 가슴마다 2
믿음의 형제들이여 195

바

보라 새 일을 187
보이지 않는 영원한 왕 59
보좌에 계신 주를 197
부활했네 112
부흥변화 온 땅을 226
부흥 있으리라 162

사

사람들 왜 이리 51
사랑을 나눠요 285
사랑합니다 나의 예수님 283
사랑합시다 116
사랑해요 그 은혜와 자비 215
사랑해요 당신을 13
삶에 작은 일에도 3
새로워 질 수 있다는 16
새 영을 부어주소서 227
새 일을 행하소서 100
새하늘, 새땅, 새천년 307
생명의 강에 오라 150
생명 주께 있네 78
선포하리 선하신 주 124
선하신 목자 105
성령안에 행하며 244
성령의 바람 불어와 18
성령의 불로 날 태우소서 252
성령의 불을 보내 주소서 266
성령이여 비를 내려 272
성령 하나님 나를 만지소서 230
세상을 축복하라 288
세상의 빛으로 75
세상의 자유를 좇아 7
소리쳐 찬양해 48
소망의 하나님 189
송축하라 하나님 228
십자가의 주님 흘리신 물과 피 141

아

아름다우신 주 88
아름다운 주님 86
아름다웠던 지난 추억들 123
아버지께 사랑과 찬양 61
아버지 사랑 286
아버지 품안에 181
야, 외쳐라 265
어둠속에서 불러내어 20

어둠의 그늘 246
어둠의 세상에 306
어떤 길로 그분 따르고 80
어린양의 흘리신 피로 235
언제라도 301
여호와는 나의 목자시니 198
여호와는 나의 66
여호와는 내 빛과 구원 251
여호와의 큰 열심이 269
염려 말아라 주가 58
영광 영광 주 임하실 때 19
영광을 돌리세 101
영광의 왕 들어가시네 258
영광 주님께 영광 175
영원 전부터 계시는 주님 29
예비하라 218
예수 놀라운 주님 102
예수님 목 마릅니다 40
예수님의 보혈로 89
예수를 보네 73
예수보다 더 큰 사랑 274
예수 예수 50
예수 예수 나를 구원하신 이름 240
예수 예수 아름나운 주 155
예수 온 땅을 다스리시는 분 293
예수 전능자 255
예수 주 승리하심 찬양해 299
예수 하나님 아버지의 아들 153
오늘도 하루가 지나네 54
오 예수님 오신 4
오 주님 우리들을 79
오 주님나라 임하리 174
오직 주님만을 67
온 땅과 하늘의 주 236
온 세상에 가득히 273
온 세상이 아름답게 284
온 세상 향한 151
온 천하 만물들아 129
왕께 찬양 179
왕 되신 주 앞에 경배드리세 210

왕이신 나의 하나님 56
우리가 만난 것은 289
우리가 밟는 땅을 27
우리는 여호수아 세대이니 199
우리는 주의 용사요 242
우리를 지으시고 135
우리 손에 가진 것이 64
우리에게 축복을 277
우리의 가진 모든 것을 163
우리 죄 위해 죽으신 주 30
우린 겨우 살아남은 것 아니요 74
우 - 우리 기도를 95
유다의 사자 외쳐 260
유다의 사자 일어나 63
이 나라 이 백성의 157
이 나라 향한 우리 소망 37
이 날은 주가 지으신 날 117
이 땅 위에 오신 184
이렇게 아름다운 하늘 아래 290
이 세상의 그 무엇으로 191
이 시간 148
이전엔 우리 모두 249
이제 주님의 보혈로 138
일어니리 빛을 받하라 223
일어나라 주의 백성 188

자

전능하사 천지를 295
전능하신 주는 거룩 171
전능하신 주님 200
전쟁 중에도 271
정한 때가 있나니 173
존귀와 영광의 주님 98
존귀한 형제의 모습 276
죄악이 세상에 관영할 때 52
주가 날 사랑해 83
주 계신 곳 23
주께 가까이 193
주께 가까이 날 이끄소서 127
주께서 높은 보좌에 114

Maranata!
Praise

Praise
Maranata!

주는 그리스도시요 104
주는 나의 143
주는 내 삶의 힘 93
주는 높이 들리리 145
주는 토기장이 224
주님 같은 반석은 25
주님 곁으로 날 이끄소서 216
주님 계신 곳에 나가리 232
주님 계신 그 곳에서 294
주님께 감사 280
주님 오실 때 38
주님을 따라 225
주님을 찬양합니다 254
주님의 그 품으로 39
주님의 마음으로 나 춤추리 81
주님의 말씀 위에 190
주님의 보좌 앞에서 82
주님의 사랑 나의 맘속에 122
주님의 사랑 밝은 낮과 같이 144
주님의 사랑이 91
주님의 산 247
주님의 손으로 지으신 68
주님의 은혜로 131
주님의 이름 듣고 203
주님의 이름은 참 견고한 망대 168
주님 이곳에 임하소서 201
주를 높이기 원합니다 169
주를 높이리 113
주를 사랑 사랑 214
주 보좌로 부터 71
주 성령의 불로 새롭게 하소서 298
주여 나를 예배의 도구로 253
주여 진실하게 하소서 92
주의 말씀은 77

주의 사랑 내게 임할 때 55
주의 사랑 저 하늘에 미치고 36
주의 성령 이곳에 임하소서 158
주의 성령이 5
주의 성령이시여 305
주의 얼굴 구하오니 262
주의 영광 임하실 때 137
주의 용사여 모두 일어나 205
주의 임재가 있는 곳 24
주 의지하리라 94
주의 집에 영광이 가득해 26
주 이름 높이 들려 147
주 이름에 복 있도다 22
주 임재하시는 곳에 132
죽임을 당하신 어린양이 170
지극히 높으신 주님 안에 267
지금은 엘리야 때처럼 207

차

찬양 받기에 합당하신 주님 209
찬양 받으시기 합당한 분 44
찬양해요 하나님의 아들 243
창조의 아버지 70
창조주 여호와 204
채워 주소서 233
천년이 두 번 지나도 12
천만년이 지나도 278
축복해요 279

타

태초에 하나님이 238

파

평화의 도구로 써 주소서 130

하

하나님 나라는 292
하나님 아들되신 예수 211
하나님 아버지와 내 자신을 186
하나님은 우리를 긍휼히 76
하나님은 우리의 피난처가 되시며 275
하나님의 아들 독생자 예수 97
하나님의 꿈을 가지고서 229
하나님의 마음에 121
하나님이 세상을 220
하나님이시여 11
하나님이여 139
하나뿐인 귀한 아들 296
하늘과 땅 모두 즐거워하라 159
하늘에는 주께 영광 239
하늘 위에 주님 밖에 217
하늘의 권세 가지사 231
하늘의 전쟁 257
하늘이 선포하고 183
하늘이여 기뻐하라 35
할렐루야 찬양 예수 120
할렐루야 호산나 245
할렐루 할렐루 할렐루 219
할렐루 할렐루야 178
함께 주의 이름 높여 드리세 161
해가 뜨는 아침에 136
형제가 연합해 동거할 때 291
형제를 사랑하사 53
호산나 다윗의 자손이여 237
힘들고 외로워질때면 263
힘들고 지쳐 14
힘없고 연약한 우리 72

주제별 분류

BEST SONG

감사해요 깨닫지 못했었는데
(또 하나의 열매를 바라시며) 15
나 무엇과도 주님을 10
나 어디 거할지라도 9
내가 천사의 말 한다해도
(사랑없으면) 17
내 마음에 주를 향한 사랑이
(십자가의 길 순교자의 삶) 1
너무 멀리 왔나요(너무 늦은 건가요) 8
때론 네게 눈물의 고통이 와도
(담대하라) 6
민족의 가슴마다(그리스도의 계절) 2
사랑해요 당신을(사랑하는 이에게) 13
삶에 작은 일에도(소원) 3
새로워 질 수 있다는(주 닮도록) 16
세상의 자유를 좇아(자유케 하리) 7
오 예수님 오신(그의 길을 따르며) 4
주의 성령이(자유에의 길) 5
천년이 두 번 지나도 12
하나님이시여(시편 51편) 11
힘들고 지쳐(너는 내 아들이라) 14

새노래

거룩한 이름 34
내 눈으로 주 얼굴 볼 수 없고 33
내 모든 삶의 행동 21
내 영혼의 보호자 32
들리는가 31
모든 존귀 주님께 드립니다 28
성령의 바람 불어와(Wind of God) 18
어둠속에서 불러내어 20
영광 영광 주 임하실 때 19
영원 전부터 계시는 주님 29
예수님 목 마릅니다(성령의 불로) 40

우리가 밟는 땅을
(주님의 구원 온 세계 위에) 27
우리 죄 위해 죽으신 주 30
이 나라 향한 우리 소망 37
주 계신 곳(날 새롭게 하소서) 23
주님 같은 반석은(만세반석) 25
주님 오실 때 38
주님의 그 품으로 39
주의 사랑 저 하늘에 미치고 36
주의 임재가 있는 곳(지성소) 24
주의 집에 영광이 가득해 26
주 이름에 복 있도다 22
하늘이여 기뻐하라 35

경배와 찬양

거룩하신 전능의 왕 앞에 165
거룩하신 주님(야훼) 256
거룩하신 주의 이름 300
거룩한 이름 34
고요한 이 시간에 259
광내하신 구 268
광대하신 주 찬양하리라 152
기쁨으로 주 찬양 154
기쁨의 노래를 부르며 125
나는 오직 주님의 115
나의 주 영원히 찬양해 146
내 손을 들고(내 손 들고) 103
네 모든 짐을 주께 맡겨 65
높이리라 69
다와서 주 영광을 보며 128
땅끝에서부터 297
모든 영광 존귀 능력 41
보이지 않는 영원한 왕 59
생명 주께 있네 78
소리쳐 찬양해 48
소망의 하나님 189
송축하라 하나님 228

아름다우신 주 88
아버지께 사랑과 찬양
(홀로 영광 받으소서) 61
어린양의 흘리신 피로 235
여호와는 나의 66
여호와의 큰 열심이 269
영광 영광 주 임하실 때 19
영광을 돌리세 101
영광 주님께 영광 175
예수 놀라운 주님(예수) 102
예수를 보네 73
예수 예수 50
온 땅과 하늘의 주 236
온 천하 만물들아 129
왕께 찬양 179
왕 되신 주 앞에 경배드리세 210
왕이신 나의 하나님 56
우리를 지으시고 135
전쟁 중에도(Praise to the Lord) 271
존귀와 영광의 주님 98
주께서 높은 보좌에 114
주는 그리스도시요
(예수 귀하신 이름) 104
주는 높이 들리리 145
주는 토기장이 224
주님 계신 곳에 나가리 232
주님을 찬양합니다 254
주님의 산 247
주님의 은혜로 131
주를 높이기 원합니다 169
주를 높이리 113
주의 사랑 저 하늘에 미치고 36
주의 영광 임하실 때 137
주의 임재가 있는 곳(지성소) 24
주의 집에 영광이 가득해 26
주 이름 높이 들려 147
주 임재하시는 곳에 132

찬양 받기에 합당하신 주님 209
찬양 받으시기 합당한 분 44
찬양해요 하나님의 아들 243
태초에 하나님이 238
하늘에는 주께 영광 239
하늘의 권세 가지사 231
할렐루야 찬양 예수 120
할렐루야 호산나 245
할렐루 할렐루 할렐루 219
할렐루 할렐루야 178
해가 뜨는 아침에 136

고백과 간구

그날에 말씀하신
(이 산지를 내게 주소서) 250
나의 힘이 되신 여호와여 42
나 주님 알기 원하네 87
내가 그리스도와 함께 234
내가 아파서(나의 귀한 시간) 49
내 눈으로 주 얼굴 볼 수 없고 33
내 마음에 임하소서 202
내 영혼이 내 영혼이(아침묵상) 160
내 입술의 말과(시편 19편) 62
삶에 작은 일에도(소원) 3
선하신 목자 105
아름다웠던 지난 추억들
(친구의 고백) 123
어떤 길로 그분 따르고(그가 아시니) 80
여호와는 나의 목자시니(목자) 198
여호와는 내 빛과 구원 251
예수님 목 마릅니다(성령의 불로) 40
오늘도 하루가 지나네
(나의 날 계수하게 하소서) 54
우 - 우리 기도를 95
이 나라 향한 우리 소망 37
이 세상의 그 무엇으로
(내 한가지 소원) 191
전능하사 천지를(사도신경) 295
주 계신 곳(날 새롭게 하소서) 23
주께 가까이 193

주는 내 삶의 힘 93
주님 같은 반석은(만세반석) 25
주님의 보좌 앞에서 82
주님의 이름 듣고 203
주의 성령 이곳에 임하소서 158
주의 얼굴 구하오니(아바 아버지여) 262
지극히 높으신 주님 안에 267
평화의 도구로 써 주소서 130
하나님은 우리를 긍휼히(시편 67편) 76
하나님의 꿈을 가지고서(구하라) 229
하나님이여(시편 51 : 10) 139
하늘 위에 주님 밖에 217

감사와 사랑

감사 드려 108
감사 드리세 주께 166
감사해요 깨닫지 못했었는데
(또 하나의 열매를 바라시며) 15
나 이제 자유하네 248
나 주의 것 213
내 아버지의 집 176
너는 그리스도의 향기라 90
사랑합시다 116
사랑해요 그 은혜와 자비 215
사랑해요 당신을(사랑하는 이에게) 13
아름다운 주님 86
예수보다 더 큰 사랑
(No greater Love) 274
온 세상 향한 151
우리 손에 가진 것이(가족) 64
전능하신 주님(God is able) 200
주님의 사랑 나의 맘속에 122
주님의 사랑 밝은 낮과 같이
(주님의 사랑) 144
주님의 사랑이 91
주를 사랑 사랑(왕되신 주) 214
주의사랑 내게 임할 때 55
하나님의 마음에(복의 근원) 121
하나님이 세상을(은혜) 220
함께 주의 이름 높여 드리세 161

헌신과 의탁

나 여호와가 말하노라
(너희를 향한) 206
나의 맘을 주께 156
나의 모든 것을 140
나의 이름으로 모이는 곳에 109
내가 주를 따를 때 134
내 갈길 모르나 167
내게 구하라 110
내 마음 간절하게 96
내 마음에 주를 향한 사랑이
(십자가의 길 순교자의 삶) 1
내 영혼의 보호자 32
너희를 향한 나의 생각 241
네 안에 304
두려운 마음 가진 자여
(주 오셔서 구하시리) 126
때론 네게 눈물의 고통이 와도
(담대하라) 6
모든 존귀 주님께 드립니다 28
목마른 자들아 111
보좌에 계신 주를 197
새 영을 부어주소서 227
새 일을 행하소서 100
성령의 바람 불어와(Wind of God) 18
성령의 불로 날 태우소서 252
성령이여 비를 내려 272
아버지 품안에 181
어둠의 그늘(창문을 비추소서) 246
영원 전부터 계시는 주님 29
오 예수님 오신(그의 길을 따르며) 4
오직 주님만을 67
우리의 가진 모든 것을 163
정한 때가 있나니
(의인은 그 믿음으로) 173
주께 가까이 날 이끄소서 127
주는 나의 143
주님 곁으로 날 이끄소서 216
주님 계신 그 곳에서 294

주님의 말씀 위에 190
주여 나를 예배의 도구로 253
주여 진실하게 하소서 92
주의 말씀은 77
주 의지하리라(주 의지하라) 94
창조주 여호와 204
채워 주소서 233

기쁨과 소망

거리마다 기쁨으로 45
그날 그날이(그날에) 303
기뻐하라 46
나 무엇과도 주님을 10
나 어디 거할지라도 9
내 모든 삶의 행동 21
내 모든 소망 164
내 영혼이 주를 따르리 208
새하늘, 새땅, 새천년 296
성령안에 행하며 244
예수 예수 아름다운 주(아름다운 주) 155
이 날은 주가 지으신 날 117
주님의 마음으로 나 춤추리
(주님의 춤추리) 81
주님의 손으로 지으신 68
주 보좌로 부터(주님의 강이) 71
천년이 두 번 지나도 12
하나님이시여(시편 51편) 11

속죄와 구원

구원의 주 날 건지사 106
구원하심이 보좌에
(대저 물이 바다덮음같이) 221
그 피로 이 성전을 정결하게 84
나는 주를 찬양하리 99
나의 죄를 사하시려 47
나 이제 예수님 발 아래 133
눈보다 더 희게 270
땅의 모든 족속이 142
모든 능력과 모든 권세 222
십자가의 주님 홀리신 물과 피 141

어둠속에서 불러내어 20
예수님의 보혈로 89
예수 예수 나를 구원하신 이름 240
예수 하나님 아버지의 아들 153
우리가 밟는 땅을
(주님의 구원 온 세계 위에) 27
우리 죄 위해 죽으신 주 30
주가 날 사랑해 83
죽임을 당하신 어린양이 170
하나님 아들되신 예수
(참 사랑의 예수) 211
하나뿐인 귀한 아들
(주님 나라 임했네) 307
형제를 사랑하사 53
호산나 다윗의 자손이여 237
힘없고 연약한 우리(Jesus) 72

치유와 회복

깨어진 심령 149
나는 주를 작게 보았네 192
나의 밝은 눈을 보아요(바른 생활) 302
나의 하나님 고쳐 주소서 261
내가 여호와를 172
내 슬픔 변해 177
너무 멀리 왔나요(너무 늦은 건가요) 8
들어 주소서 182
무거운 짐진자들아 185
무엇이 그렇게(믿음과 현실사이) 57
사람들 왜 이리(나의 사랑 예수님) 51
새로워 질 수 있다는(주 닮도록) 16
생명의 강에 오라 150
성령 하나님 나를 만지소서 230
세상의 자유를 좇아(자유케 하리) 7
언제라도(광야) 301
염려 말아라 주가
(염려 말아라 내 형제여) 58
이 시간 148
이전엔 우리 모두 249
주님의 그 품으로 39
주님 이곳에 임하소서 201

주 성령의 불로 새롭게 하소서 298
주의 성령이시여 305
힘들고 외로워질때면(외로울때면) 263
힘들고 지쳐(너는 내 아들이라) 14

선교와 전도

가난한 자와 상한 자
(한라와 백두와 땅끝까지) 43
내가 천사의 말 한다해도
(사랑없으면) 17
너희는 가라 118
민족의 가슴마다(그리스도의 계절) 2
세상의 빛으로 75
어둠의 세상에 306
오 주님 우리들을 79
죄악이 세상에 관영할 때
(방주 지어요) 52
주의 성령이(자유에의 길) 5
하나님의 아들 독생자 예수 97

선포와 명령

그날에 이르러 107
내가 내 교회를 세우리니 264
내가 너를 지명하여(너는 내것이라) 85
내 눈 주의 영광을
(모든 열방 주 볼 때까지) 194
너는 너의 본토
(너는 복의 근원될지라) 119
들리는가 31
마지막 날에 180
믿음의 형제들이여 195
보라 새 일을 187
부흥 있으리라 162
선포하리 선하신 주 124
영광의 왕 들어가시네 258
예비하라(부흥의 그날) 218
오 주님나라 임하리 174
온 세상에 가득히 273
우리는 여호수아 세대이니 199
우리는 주의 용사요 242

차 례 제목별 분류

우린 겨우 살아남은 것 아니요 74
유다의 사자 외쳐 260
유다의 사자 일어나 63
이 나라 이 백성의
(일어나라 하나님의 사람들이여) 157
이 땅 위에 오신 184
이제 주님의 보혈로 138
일어나라 빛을 발하라 223
일어나라 주의 백성 188
주님 오실 때 38
주의 용사여 모두 일어나 205
주 이름에 복 있도다 22
지금은 엘리야 때처럼 207
창조의 아버지 70
하나님 나라는 292
하나님은 우리의 피난처가 되시며 275
하늘과 땅 모두 즐거워하라 159
하늘이 선포하고 183
하늘이여 기뻐하라 35

영적전쟁과 승리

강한 용사 높여 드리네 196
깨어라 어둔 네 무덤에서 212
내 영광 내 머리를 드는 주 60
부활했네 112
부흥변화 온 땅을(중보기도) 226

성령의 불을 보내 주소서 266
야, 외쳐라 265
예수 온 땅을 다스리시는 분 293
예수 전능자 255
예수 주 승리하심 찬양해 299
전능하신 주는 거룩 171
주님을 따라(그날까지) 225
주님의 이름은 참 견고한 망대 168
하나님 아버지와 내 자신을
(전신갑주) 186
하늘의 전쟁 257

축복과 평안

강물같은 주의 은혜 287
내 맘에 주님이 계셔(주님의 마음) 282
당신과 하나 돼(사랑의 다리) 281
사랑을 나눠요(영원한 사랑) 285
사랑합니다 나의 예수님 283
세상을 축복하라(복의 근원 2000) 288
아버지 사랑(축복하소서) 286
온 세상이 아름답게(축복송) 284
우리가 만난 것은
(오늘 같이 기쁜 날) 289
우리에게 축복을(축복을 베푸소서) 277
이렇게 아름다운 하늘 아래 290
존귀한 형제의 모습

(존귀한 이에게) 276
주님께 감사 280
천만년이 지나도 278
축복해요 279
형제가 연합해 동거할 때 291

특별찬양

거룩하신 주의 이름 300
그날 그날이(그날에) 303
나의 밝은 눈을 보아요(바른 생활) 302
네 안에 304
땅끝에서부터 297
새하늘, 새땅, 새천년 307
어둠의 세상에 306
언제라도(광야) 301
예수 온 땅을 다스리는 분 293
예수 주 승리하심 찬양해 299
전능하사 천지를(사도신경) 295
주님 계신 그 곳에서 294
주 성령의 불로 새롭게 하소서 298
주의 성령이시여 305
하나님 나라는 292
하나뿐인 귀한 아들
(주님 나라 임했네) 296

제목별 분류(가사첫줄과 다른 곡)

가

가족(우리 손에 가진 것이) 64
광야(언제라도) 301
구하라(하나님의 꿈을 가지고서) 229
그가 아시니
(어떤 길로 그분 따르고) 80
그날까지(주님을 따라) 225
그날에(그날 그날이) 303

그리스도의 계절(민족의 가슴마다) 2
그의 길을 따르며(오 예수님 오신) 4

나

나의 귀한 시간(내가 아파서) 49
나의 날 계수하게 하소서
(오늘도 하루가 지나네) 54
나의 사랑 예수님(사람들 왜 이리) 51
날 새롭게 하소서(주 계신 곳) 23

내 손 들고(내 손을 들고) 103
내 한가지 소원
(이 세상의 그 무엇으로) 191
너는 내 아들이라(힘들고 지쳐) 14
너는 내것이라(내가 너를 지명하여) 85
너는 복의 근원될지라
(너는 너의 본토) 119
너무 늦은 건가요(너무 멀리 왔나요) 8
너희를 향한(나 여호와가 말하노라) 206

다

담대하라
(때론 네게 눈물의 고통이 와도) 6
대저 물이 바다덮음같이
(구원하심이 보좌에) 221
또 하나의 열매를 바라시며
(감사해요 깨닫지 못했었는데) 15

마

만세반석(주님 같은 반석은) 25
모든 열방 주 볼 때까지
(내 눈 주의 영광을) 194
목자(여호와는 나의 목자시니) 198
믿음과 현실사이(무엇이 그렇게) 57

바

바른 생활(나의 밝은 눈을 보아요) 302
방주 지어요
(죄악이 세상에 관영할 때) 52
복의 근원(하나님의 마음에) 121
복의 근원2000(세상을 축복하라) 288
부흥의 그날(예비하라) 218

사

사도신경(전능하사 천지를) 295
사랑없으면
(내가 천사의 말 한다해도) 17
사랑의 다리(당신과 하나 돼) 281
사랑하는 이에게(사랑해요 당신을) 13
성령의 불로(예수님 목 마릅니다) 40
소원(삶에 작은 일에도) 3
시편 19편(내 입술의 말과) 62
시편 51 : 10(하나님이여) 139
시편 51편(하나님이시여) 11
시편 67편(하나님은 우리를 긍휼히) 76
십자가의 길 순교자의 삶
(내 마음에 주를 향한 사랑이) 1

아

아름다운 주
(예수 예수 아름다운 주) 155
아바 아버지여(주의 얼굴 구하오니) 262
아침묵상(내 영혼이 내 영혼이) 160
야훼(거룩하신 주님) 256
염려 말아라 내 형제여
(염려 말아라 주가) 58
영원한 사랑(사랑을 나눠요) 285
예수(예수 놀라운 주님) 102
예수 귀하신 이름
(주는 그리스도시요) 104
오늘 같이 기쁜날
(우리가 만난 것은) 289
왕되신 주(주를 사랑 사랑) 214
외로울때면(힘들고 외로워질때면) 263
은혜(하나님이 세상을) 220
의인은 그 믿음으로
(정한 때가 있나니) 173
이 산지를 내게 주소서
(그날에 말씀하신) 250
일어나라 하나님의 사람들이여
(이 나라 이 백성의) 157

자

자유에의 길(주의 성령이) 5
자유케 하리(세상의 자유를 좇아) 7
전신갑주
(하나님 아버지와 내 자신을) 186
존귀한 이에게
(존귀한 형제의 모습) 276
주님 나라 임했네
(하나뿐인 귀한 아들) 296
주님의 강이(주 보좌로 부터) 71
주님의 구원 온 세계 위에
(우리가 밟는 땅을) 27
주님의 마음(내 맘에 주님이 계셔) 282
주님의 사랑
(주님의 사랑 밝은 낮과 같이) 144

주님의 춤추리
(주님의 마음으로 나 춤추리) 81
주 닮도록(새로워 질 수 있다는) 16
주 오셔서 구하시리
(두려운 마음 가진 자여) 126
주 의지하라(주 의지하리라) 94
중보기도(부흥변화 온 땅을) 226
지성소(주의 임재가 있는 곳) 24

차

참 사랑의 예수
(하나님 아들되신 예수) 211
창문을 비추소서(어둠의 그늘) 246
축복송(온 세상이 아름답게) 284
축복을 베푸소서(우리에게 축복을) 277
축복하소서(아버지 사랑) 286
친구의 고백
(아름다웠던 지난 추억들) 123

하

한라와 백두와 땅끝까지
(가난한 자와 상한 자) 43
홀로 영광 받으소서
(아버지께 사랑과 찬양) 61

G · J · N · P · W

God is able(전능하신 주님) 200
Jesus(힘없고 연약한 우리) 72
No greater Love
(예수보다 더 큰 사랑) 274
Praise to the Lord(전쟁 중에도) 271
Wind of God(성령의 바람 불어와) 18

차 례   수록음반 가나다순

수록음반 가나다순

가

43 가난한 자와 상한 자(한라와 백두와 땅끝까지) 하나님의 사람들 2 "새 영을 부어주소서"

108 감사드려 찬양하는 사람들 1

287 강물같은 주의 은혜 꿈이 있는 자유 3 "아침묵상"

165 거룩하신 전능의 왕 앞에 2000 두란노 경배와 찬양 새노래 1

256 거룩하신 주님(야훼) 2000/2001 두란노 경배와 찬양 새노래 , "전하세 예수 13" 두란노 경배와 찬양

34 거룩한 이름 2001 두란노 경배와 찬양 새노래

45 거리마다 기쁨으로 2000/2001 두란노 경배와 찬양 새노래

259 고요한 이 시간에 "전하세 예수 14" 두란노 경배와 찬양

268 광대하신 주 예수전도단 "화요모임 1"

106 구원의 주 날 건지사   2000 두란노 경배와 찬양 새노래 1

303 그날 그날이(그날에) 꿈이 있는 자유 3 "아침묵상"

250 그날에 말씀하신(이 산지를 내게 주소서) 소리엘 6 "Frontier"

107 그날에 이르러 2000/2001 두란노 경배와 찬양 새노래

46 기뻐하라 다리 놓는 사람들 "어노인팅"

154 기쁨으로 주 찬양 찬미예수 1000(1)

125 기쁨의 노래를 부르며 2000 두란노 경배와 찬양 새노래 1

212 깨어라 어둔 네 무덤에서 예수행진 1 "실크로드 예수행진 2000"

나

115 나는 오직 주님의 좋은씨앗 6 "Worship"

99 나는 주를 찬양하리 임마누엘 7

10 나 무엇과도 주님을 예수행진 2 "실크로드 예수행진 2000"

9   나 어디 거할지라도 꿈이 있는 자유 3 "아침묵상"

156 나의 맘을 주께 옹기장이 "Worship"

302 나의 밝은 눈을 보아요(바른 생활) 시와 그림

109 나의 이름으로 모이는 곳에 예수행진 1 "실크로드 예수행진 2000"

47 나의 죄를 사하시려 하나님의 사람들 1 "일어나라 하나님의 사람들이여"

261 나의 하나님 고쳐 주소서 하나님의 사람들 2 "새 영을 부어주소서"

42 나의 힘이 되신 여호와여 하나님의 사람들 1 "일어나라 하나님의 사람들이여"

133 나 이제 예수님 발 아래 하나님의 사람들 2 "새 영을 부어주소서"

248 나 이제 자유하네 임마누엘 5

87 나 주님 알기 원하네 하나님의 사람들 2 "새 영을 부어주소서"

213 나 주의 것 예수전도단 "화요모임 2"

234 내가 그리스도와 함께 하나님의 사람들 2 "새 영을 부어주소서"

264 내가 내 교회를 세우리니 예수행진 2 "실크로드 예수행진 2000"

85 내가 너를 지명하여(너는 내것이라) 열두선교회 "나 주님의 기쁨되기 원하네 1"

172 내가 여호와를 꿈이 있는 자유 "아침묵상"

17 내가 천사의 말 한다해도(사랑없으면) 씨씨엠프렌드, 김명식&송미애 "있는 모습 그대로"

110 내게 구하라 예수행진 1 "실크로드 예수행진 2000"

33 내 눈으로 주 얼굴 볼 수 없고 2001 두란노 경배와 찬양 새노래

194 내 눈 주의 영광을(모든 열방 주 볼 때까지) 박종호 10 "모든 열방 주 볼 때까지"

202 내 마음에 임하소서 2000/2001 두란노 경배와 찬양 새노래

1 내 마음에 주를 향한 사랑이(십자가의 길 순교자의 삶) "전하세 예수 14" 두란노 경배와 찬양

282 내 맘에 주님이 계셔(주님의 마음) 시와 그림

21 내 모든 삶의 행동 예수전도단 "화요모임 2"

164 내 모든 소망 꿈이 있는 자유 "아침묵상"

176 내 아버지의 집 찬미예수 2000(1)

32 내 영혼의 보호자 2001 두란노 경배와 찬양 새노래

160 내 영혼이 내 영혼이(아침묵상) 꿈이 있는 자유 "아침묵상"

62 내 입술의 말과(시편 19편) 최인혁&김지애 4, 열린세대성령캠프 1

90 너는 그리스도의 향기라 로드페이스

119 너는 너의 본토(너는 복의 근원될지라) 예수행진 1 "실크로드 예수행진 2000"

8 너무 멀리 왔나요(너무 늦은 건가요) Trinity red

118 너희는 가라 예수행진 1 "실크로드 예수행진 2000"

241 너희를 향한 나의 생각 Songs of Church 1

65 네 모든 짐을 주께 맡겨 어린이은혜캠프 5

304 네 안에 좋은씨앗 1 "평안"

270 눈보다 더 희게 2000 두란노 경배와 찬양 새노래 1

다

128 다와서 주 영광을 보며 2000 두란노 경배와 찬양 새노래 1

126 두려운 마음 가진 자여(주 오셔서 구하시리) 예수행진 1 "실크로드 예수행진 2000"

31 들리는가 2001 두란노 경배와 찬양 새노래

Maranata!

182 들어 주소서 "침묵기도 3" 두란노 경배와 찬양, 천사의 바이올린 1

297 땅끝에서부터 2000 두란노 경배와 찬양 새노래 1

6   때론 네게 눈물의 고통이 와도(담대하라) 좋은씨앗 7 "자유"

마

180 마지막 날에 예수전도단 "화요모임 2"

222 모든 능력과 모든 권세 2000/2001 두란노 경배와 찬양 새노래

41   모든 영광 존귀 능력 하나님의 사람들 1 "일어나라 하나님의 사람들이여"

28   모든 존귀 주님께 드립니다 2001 두란노 경배와 찬양 새노래

111 목마른 자들아 예수행진 2 "실크로드 예수행진 2000"

57   무엇이 그렇게(믿음과 현실사이) 좋은씨앗 5 "더 좋은 세상"

2   민족의 가슴마다(그리스도의 계절) 박지영

195 믿음의 형제들이여 예수행진 1 "실크로드 예수행진 2000"

바

187 보라 새 일을 예수행진 2 "실크로드 예수행진 2000"

112 부활했네 예수행진 2 "실크로드 예수행진 2000"

226 부흥변화 온 땅을(중보기도) 기다리는 사람들 2

사

285 사랑을 나눠요(영원한 사랑) Phils Friends 1 "영원한 사랑"

13   사랑해요 당신을(사랑하는 이에게) 시와 그림

3   삶에 작은 일에도(소원) 꿈이 있는 자유 3 "아침묵상"

16   새로워 질 수 있다는(주 닮도록) 조수아 "Grace"

227 새 영을 부어주소서 하나님의 사람들 2 "새 영을 부어주소서"

307 새하늘, 새땅, 새천년 하나님의 사람들 2 "새 영을 부어주소서"

78   생명 주께 있네 "전하세 예수 14" 두란노 경배와 찬양

124 선포하리 선하신 주 2000 두란노 경배와 찬양 새노래 1

105 선하신 목자 좋은씨앗 6 "Worship"

18   성령의 바람 불어와(Wind of God) 예수전도단 "화요모임 2"

252 성령의 불로 날 태우소서 2000 두란노 경배와 찬양 새노래 1, 예수전도단 "화요모임 2"

230 성령 하나님 나를 만지소서 하나님의 사람들 1 "일어나라 하나님의 사람들이여"

7   세상의 자유를 좇아(자유케 하리) 좋은씨앗 7 "자유"

48   소리쳐 찬양해 하나님의 사람들 2 "새 영을 부어주소서"

189 소망의 하나님 소망의 찬양

141 십자가의 주님 흘리신 물과 피 하나님의 사람들 2 "새 영을 부어주소서"

아

86 아름다운 주님 찬미예수 1500(7)

123 아름다웠던 지난 추억들(친구의 고백) 다윗과 요나단 BEST, 찬양하는 사람들 1·2·3

286 아버지 사랑(축복하소서) 예수전도단 교제송 "향기"

265 야, 외쳐라 "전하세 예수 14" 두란노 경배와 찬양

20 어둠속에서 불러내어 예수전도단 "화요모임 2"

246 어둠의 그늘(창문을 비추소서) 예수행진 2 "실크로드 예수행진 2000"

80 어떤 길로 그분 따르고(그가 아시니) 강명식

235 어린양의 흘리신 피로 2000/2001 두란노 경배와 찬양 새노래, "전하세 예수 13" 두란노 경배와 찬양

66 여호와는 나의 싱코이노니아 "로드페이스"

198 여호와는 나의 목자시니(목자) 좋은씨앗 5 "더 좋은 세상"

251 여호와는 내 빛과 구원 예수행진 2 "실크로드 예수행진 2000"

58 염려 말아라 주가(염려말아라 내 형제여) 하나님의 사람들 1 "일어나라 하나님의 사람들이여"

19 영광 영광 주 임하실 때 예수전도단 "화요모임 2"

101 영광을 돌리세 성가대합창곡집 2

258 영광의 왕 들어가시네 예수행진 2 "실크로드 예수행진 2000"

175 영광 주님께 영광 예수행진 1 "실크로드 예수행진 2000"

29 영원 전부터 계시는 주님 2001 두란노 경배와 찬양 새노래

40 예수님 목 마릅니다(성령의 불로) 예수전도단 "화요모임 2"

274 예수보다 더 큰 사랑(No greater Love) Praise 1.0, The Morning

240 예수 예수 나를 구원하신 이름 하나님의 사람들 2 "새 영을 부어주소서"

50 예수 예수 아름다운 주(아름다운 주) 찬미예수 500(1)

255 예수 전능자 2000 두란노 경배와 찬양 새노래 1

4   오 예수님 오신(그의 길을 따르며) 옹기장이 "Worship"

79 오 주님 우리들을 예수행진 2 "실크로드 예수행진 2000"

174 오 주님나라 임하리 예수행진 1 "실크로드 예수행진 2000", 연가, 열린세대성령캠프 2

273 온 세상에 가득히 부흥의 강물이 이 땅을

151 온 세상 향한 예수행진 2 "실크로드 예수행진 2000"

129 온 천하 만물들아 좋은씨앗 6 "Worship"

210 왕되신 주 앞에 경배드리세 "전하세 예수 13" 두란노 경배와 찬양, 2000 두란노 경배와 찬양 새노래 2

56 왕이신 나의 하나님 하나님의 사람들 1 "일어나라 하나님의 사람들이여"

Praise

Maranata!

289 우리가 만난 것은(오늘 같이 기쁜날) 좋은씨앗 2 "사랑"

27 우리가 밟는 땅을(주님의 구원 온 세계 위에) 예수전도단 "화요모임 2"

135 우리를 지으시고 2000/2001 두란노 경배와 찬양 새노래

64 우리 손에 가진 것이(가족) 4U - For You Family

277 우리에게 축복을(축복을 베푸소서) 찬미예수 1000(4)

163 우리의 가진 모든 것을 "전하세 예수 14" 두란노 경배와 찬양

95 우 - 우리 기도를 2000/2001 두란노 경배와 찬양 새노래

30 우리 죄 위해 죽으신 주 2001 두란노 경배와 찬양 새노래

157 이 나라 이 백성의(일어나라 하나님의 사람들이여) 하나님의 사람들 1 "일어나라 하나님의 사람들이여"

37 이 나라 향한 우리 소망 2001 두란노 경배와 찬양 새노래

117 이 날은 주가 지으신 날 예수전도단 10 "거룩한 성전", 경배찬양메들리 2

184 이 땅 위에 오신 예수전도단 "화요모임 1"

290 이렇게 아름다운 하늘 아래 결혼을 축하해요

191 이 세상의 그 무엇으로(내 한가지 소원) 아름다운 친구에게, Forever Love 3

148 이 시간 시와 그림

249 이전엔 우리 모두 2000 두란노 경배와 찬양 새노래 1

138 이제 주님의 보혈로 하나님의 사람들 2 "새 영을 부어주소서"

223 일어나라 빛을 발하라 주찬양 7 · Collection, 총신대남성합창단 2, Praise 2.0

188 일어나라 주의 백성 소리엘 6 "Frontier"

자

295 전능하사 천지를(사도신경) 하나님의 사람들 1 "일어나라 하나님의 사람들이여"

200 전능하신 주님(God is able) 임마누엘 3

276 존귀한 형제의 모습(존귀한 이에게) 소원(Sowone)

23 주 계신 곳(날 새롭게 하소서) 예수전도단 "화요모임 2"

193 주께 가까이 최덕신 "갈망", 프로젝트 마라나타

127 주께 가까이 날 이끄소서 2000 두란노 경배와 찬양 새노래 2

104 주는 그리스도시요(예수 귀하신 이름) 하나님의 사람들 2 "새 영을 부어주소서"

143 주는 나의 꿈이 있는 자유 "아침묵상"

93 주는 내 삶의 힘 예수전도단 "화요모임 2"

224 주는 토기장이 옹기장이 7 "오 아름다와"

25 주님 같은 반석은(만세반석) 예수전도단 "화요모임 2"

216 주님 곁으로 날 이끄소서 2000 두란노 경배와 찬양 새노래 2

232 주님 계신 곳에 나가리 예수전도단 "화요모임 2"

Maranata!
Praise

294 주님 계신 그 곳에서 Integrity music "주 우리와 함께"(우리말 찬양)
280 주님께 감사 결혼을 축하해요, 사나 죽으나 주님의 것, 이광희 새로운 성가집 2·3
38 주님 오실 때 2001 두란노 경배와 찬양 새노래
201 주님 이곳에 임하소서 좋은씨앗 6 "Worship"
225 주님을 따라(그날까지) 찬미예수 1500 (7)
254 주님을 찬양합니다 예수전도단 "해 뜨는데부터"
39 주님의 그 품으로 2001 두란노 경배와 찬양 새노래
81 주님의 마음으로 나 춤추리(주님의 춤추리) 예수행진 2 "실크로드 예수행진 2000"
82 주님의 보좌 앞에서 2000 두란노 경배와 찬양 새노래 2
144 주님의 사랑 밝은 낮과 같이(주님의 사랑) 좋은씨앗 4 "우린 아이들처럼"
122 주님의 사랑 나의 맘속에 하나님의 사람들 1 "일어나라 하나님의 사람들이여"
91 주님의 사랑이 소리엘 외 "주님의 사랑 온누리에", 열린세대성령캠프 2
131 주님의 은혜로 2000 두란노 경배와 찬양 새노래 2
203 주님의 이름듣고 2000 두란노 경배와 찬양 새노래 2
169 주를 높이기 원합니다 "전하세 예수 14" 두란노 경배와 찬양
214 주를 사랑 사랑(왕되신 주) "침묵기도 5" 두란노 경배와 찬양
71 주 보좌로 부터(주님의 강이) 스캇브레너 외 "세상의 빛으로 오신 주"
298 주 성령의 불로 새롭게 하소서 2000/2001 두란노 경배와 찬양 새노래
92 주여 진실하게 하소서 주님의 동산 1
77 주의 말씀은 꿈이 있는 자유 "아침묵상"
55 주의 사랑 내게 임할 때 2000/2001 두란노 경배와 찬양 새노래
36 주의 사랑 저 하늘에 미치고 2001 두란노 경배와 찬양 새노래
5   주의 성령이(자유에의 길) 좋은씨앗 7 "자유"
205 주의 용사여 모두 일어나 "전하세 예수 14" 두란노 경배와 찬양
24 주의 임재가 있는 곳(지성소) 예수전도단 "화요모임 2"
26 주의 집에 영광이 가득해 예수전도단 "화요모임 2"
22 주 이름에 복 있도다 2001 두란노 경배와 찬양 새노래
132 주 임재하시는 곳에 "전하세 예수 14" 두란노 경배와 찬양
170 죽임을 당하신 어린양이 예수전도단 3 "때가 차매"
267 지극히 높으신 주님 안에 "전하세 예수 13" 두란노 경배와 찬양
207 지금은 엘리야 때처럼 2000 두란노 경배와 찬양 새노래 2

Praise
Maranata!

차

209 찬양 받기에 합당하신 주님 2000 두란노 경배와 찬양 새노래 2

44   찬양 받으시기 합당한 분 예수전도단 "화요모임 1"

70   창조의 아버지 "전하세 예수 12" 두란노 경배와 찬양

204 창조주 여호와(너는 나의 증인이라) "전하세 예수 14" 두란노 경배와 찬양

233 채워 주소서 찬양하는 사람들 1 - 6, 박종호 10 "모든 열방 주 볼 때까지"

12   천년이 두 번 지나도 Love&Wedding 2

278 천만년이 지나도 꿈이 있는 자유 "기다림"

279 축복해요 결혼을 축하해요, 다르게 살아요

타

238 태초에 하나님이 하나님의 사람들 1 "일어나라 하나님의 사람들이여"

파

130 평화의 도구로 써 주소서 "전하세 예수 13" 두란노 경배와 찬양, 2000 두란노 경배와 찬양 새노래 2

하

292 하나님 나라는 좋은씨앗 5 "더 좋은 세상"

186 하나님 아버지와 내 자신을(전신갑주) 천민찬 "행진", March "행진"

275 하나님은 우리의 피난처가 되시며 "전하세 예수 13" 두란노 경배와 찬양, 2000 두란노 경배와 찬양 새노래 2

229 하나님의 꿈을 가지고서(구하라) 열린찬양 85선, WE커뮤니케이션 "Wellspring"

97   하나님의 아들 독생자 예수 하나님의 사람들 1 "일어나라 하나님의 사람들이여"

220 하나님이 세상을(은혜) 마르지 않는 샘 2 "은혜"

11   하나님이시여(시편 51편) 좋은씨앗 2 "사랑"

139 하나님이여(시편 51 : 10) 마르투스

217 하늘 위에 주님 밖에 예수전도단 "화요모임 2"

159 하늘과 땅 모두 즐거워하라 "전하세 예수 14" 두란노 경배와 찬양

239 하늘에는 주께 영광 2000/2001 두란노 경배와 찬양 새노래 , "전하세 예수 13" 두란노 경배와 찬양

231 하늘의 권세 가지사 "전하세 예수 14" 두란노 경배와 찬양

183 하늘이 선포하고 2000/2001 두란노 경배와 찬양 새노래

35   하늘이여 기뻐하라 2001 두란노 경배와 찬양 새노래

120 할렐루야 찬양 예수 예수전도단 "화요모임 1"

245 할렐루야 호산나 "전하세 예수 13" 두란노 경배와 찬양, 2000 두란노 경배와 찬양 새노래 2

Maranata!
Praise

178 할렐루 할렐루야 하나님의 사람들 1 "일어나라 하나님의 사람들이여"

161 함께 주의 이름 높여 드리세 안성진 2 · New Album

291 형제가 연합해 동거할 때 2000 두란노 경배와 찬양 새노래 2

53 형제를 사랑하사 하나님의 사람들 1 "일어나라 하나님의 사람들이여"

237 후산나 다윗의 자손이여 하나님의 사람들 2 "새 영을 부어주소서"

263 힘들고 외로워질때면(외로울때면) 좋은씨앗 5 "더 좋은 세상"

14 힘들고 지쳐(너는 내 아들이라) 이은수 1 "위로", 사랑받는 새천년 복음성가 14

72 힘없고 연약한 우리(Jesus) 알레듀오

▪ BEST SONG ▪

그 날 환난 후에 즉시 해가 어두워지며 달이 빛을 내지 아니하며
별들이 하늘에서 떨어지며 하늘의 권능들이 흔들리리라
그 때에 인자의 징조가 하늘에서 보이겠고 그 때에 땅의 모든 족속들이 통곡하며
그들이 인자가 구름을 타고 능력과 큰 영광으로 오는 것을 보리라
그가 큰 나팔소리와 함께 천사들을 보내리니
그들이 그의 택하신 자들을 하늘 이 끝에서 저 끝까지 사방에서 모으리라
(마태복음 24 : 29-31)

1

십자가의 길 순교자의 삶

Stephen Hah
경배와 찬양
A   E/B   A/C#   D   F#/C#
1. 내 마음에 주를 향한 사랑이 -   나의 말엔 주가 주신
2. 내 입술에 찬 - 양의 향기가 -   두 손에는 주를 닮은
Bm7   E   E7   1. A
진리로 -   나의 눈에 주의 눈물 채워 주 소   서
섬김이 -   나의 삶에 주의 흔적 남게 하 소
D/E   2. A   D/E   A
서   하나 님의 사랑이 -   영원
Amaj7   A7   D
히 함께하리 - 십자 가의 길을 걷는 자에 게 순교
Bm   E   E7
자의 삶을 사는 이에 게   조롱
A   Amaj7   A7
하는 소리와 - 세상 유혹 속에도 - 주의 순결한 신부가 되리
D   Bm7   A/E   E7   A
라 내 생 명 주님 께 드리 리

2
그리스도의 계절

김준곤 시
이성균 곡
민족의- 가 슴 마다 피묻 은 그리스도를- 심
어 이땅 에푸르고-푸른- 그리 스도의계절- 이 - -
오게하 소 서 오게하소 서
이땅에-하나님 -의나 라가 이뤄 지 게하옵- 소
서 모든 사 람의마-음과-교회 와가정-에도- 하나님
나 라가- 임하게 하 여주-소-서 주의
청년들이- 예수의 꿈 을 꾸고- 인류 구 원의- 환상을
보게하-소서- 한손엔복 음들고- 한손엔사랑을들고 온땅
구석 구석누비-는 나라-되게하소 서
서 이땅 구석구 - 석에-서- 예수를주로 - 고백
하게하 -소 -서- 하늘의뜻 이땅에
이뤄주 -소-서- 주의 나라 되게하 소- 서- -
주의 청년들이 - 예수의 꿈을꾸고 인류 구원의- -환상을-
보게하-소-서-한손엔복음들고- 한손엔사랑을들고 온땅
구석 구석누비-는 나라- 되게하소 서 -

예수께서 이르시되 네가 말하였느니라. 그러나 내가 너희에게
이르노니 이후에 인자가 권능의 우편에 앉아 있는 것과
하늘 구름을 타고 오는 것을 너희가 보리라 하시니
마 (26 : 64)

3
소원

한웅재
삶의작-은일-에도 - 그 맘을알-기원-하네 - 그길- 그
좁은길- 로가-기원-해 나의작- 음을-알 고
- 그분 의크- 심을- 알며 - 소망- 그
깊은 길-로가-기원-하네-
저 높이솟-은산-이되- 기보
- 다 여기 오름 직- 한동- 산이- 되길
- 내 가 는길- 만비- 추기- 보 다
- 눈 누군 가의길- 을비- 춰준- 다면
내 가노- 래하- 듯이
- 또 내가여- 기하- 듯이 - 살길- 난
그렇 게- 죽기- 원하- 네 삶 의한- 절이- 라 도
- 그분 을닮- 기원- 하네 - 사랑- 그
높은 길- 로가- 기원- 하네 -
좁은 길- 로가- 길원- 하네 -
높은 길- 로가- 길원- 하네 -

4
그의 길을 따르며

백승남
오 예수 님 오신 그 의미를 가슴
깊 이 새겨 서 영 원토 록 그의
길 을 따르 며 말씀전 하 리 주
예수님 오신 그 의미를 가슴 깊 이 새겨
서 영 원 토 록 그의 길 을 따라
서 찬양하 리 라

5
자유에의 길

이사야 61:1-3
이강혁, 이유정 곡

주의성령이 - 내게 임 하셨으 니 주께
서 내게 기름을 부으사 -
주의성령이 - 내게 임 하셨으 니 주의
심으신의 의나무 되게하 셨네 -
너희의 슬픔이 희락의기름되어 근심대신찬송의옷
을 가난한 자에게 아름다운 소식을
전하게 하심이 라 또 나를보내사 마
음이상한자를고치 며 포 로된자에게자 유
를 갇 힌자놓으며 모 든슬픈자를위로하
게 - - 하심이 라

6
담대하라

여호수아 1:3-9
이유정 곡
♩=74

때로 네게눈물의 - 고통이와도 - 내가
끝없는어둠 - 몰 - 려와도 - 내가
네게 한말을 - 잊지말아라 - 때로 너의믿음이 -
네게한말을 - 잊지말아라 - 눈에 보이지않는 -
혹 들려도 - 좌우 로치우치지말 라 때로
땅 이지만 - 믿음의 눈으로보리
라 눈 을들라 - 내가 네게 줄땅은 - 해지
는 저곳까지이르리 - 니 눈 을들라 - 너의
발이닿는곳 - 그곳 이너의땅 - 이되리 니 너의
마음강하고 - 담 대하라 - 두려워말고
놀라지말라 네가 어딜가든 지 너를
떠나지않고 내가 너 와 함께하리 라

7
자유케 하리
이유정
♩=110
E
세 상의 자-유를 -좇아- 수
전엔 알-수없 -었던- 새
A9   F#7
많은 날-보냈 -지만- 허 무의 무-지 개
로운 기-쁨주 -시고- 어 둠속 에-새 희
B7sus4   1. B7   2. B7
-끝 에- 다 가오-신분 - 예 - 심
-망 을- 알 게하-신분 - 모
A9   E/G#   F#7
자가 홀-리 신 -보혈- 모 든죄 정-결케
두에 게-자유 -하나- 스 스로 좋-된 이
E   A   C#7
-하 네- 새 로운 세-상 열 -리고- 새
-유 는- 더 많은 사-람들 -에게- 주
D9   Bsus4   E
생 명주-시 네 - 주의영이 계 -신곳
알 게함-이 라 -
F#7   E/G#   A9
- 자유 함 이있-으 니 - 진리가
C#7   Cmaj7   Am7   F#7
- 너희를 - 자유케 하리 -
1. B7sus4   2. B7sus4   E   A/E   E
주의영이 자 유 -

8
너무 늦은 건가요
고형원
G   D/F#   Em   Am7   D7
너무멀-리왔-나 요 주님께돌-아 가기
G   Bm   Em   C/D
엔 사랑의주 -님그품 을 떠나-
C   G/B   Am   D7   G   D/F#
내영혼잃어버린 지금 - 너무늦-은건-가
Em   Am7   D7   G
요 내영혼회-복 하기 엔
G   Bm   Em   C/D   C   G/B
수많은죄-악속에 갇 혀서- 주님을잃어버린
Am   D7   Em   Bm
지금 - 하지 만 내영혼주 님기다려요 - 변함
C   D   G   Em
없 는- 주님의사-랑 을 내모 습 이대로 주
Bm   C   Am   Dsus4 D7
께돌아가요- 나의손 -을잡아주-소 서 다시
G   D/F#
주님 의얼굴- -내영혼 볼수있도록-
Cmaj7   D7   G   Em
나 를 구원하-소 -서- 다시 주 의 임재가운
Bm   Am   D   G
데 내영 혼 살수 있도 록

9
나 어디 거할지라도

한웅재

나어디 거할지라도 - 주 날개나를 지키네 - 그
사 눈날 동안-- 에 주님 -
그늘아래서 나 주님을노 래하네 -
외롭고험 한길에 내 믿음연약 해져도 -
기다려주 실수있 는 주님 - 늘나의 곁에
- -계시며 -내게말씀 - -하시네 내가너를
사랑한다- 던 두려워 말라 - 나사랑하리
- -당신을 신뢰하리 - -그 마음 내가살아
숨 쉬는 동 안 - 주님 -
안 나 숨 쉬는 동 안 - 나

10
나 무엇과도 주님을

나 무엇과 - 도주님을-바꾸지 - 않으리-
다른 어떤- 은혜-구 하 지않-으 리- 오직
주님만 - 이 내삶에- 도 움이-시 니- 주의
- 얼굴 보기- 원합니 다 - 주님
사 랑-해요 - 온맘 과 정성다해
- 하나 님 --의 신 실-한
- 친구 되기- 원합 니다 -

11
시편 51편

이유정
하나님이 시 여 나의모든 죄를
도 말하소서 주의자비를 좋 아 내
죄악을 깨끗이 씻 기소서 중심에 진실함
을 하나님께 서 원하시오 니
우둔한 나의속 에 당신 의 지혜를 알게
하 소서 하나님이 시 여 내안
에 정한마 음 을 창 조하시고 내안에정 직한영을주사
새 롭 게하옵 소 서
나의구원 나의 하나님이여 내혀가주의의를
노래하리라 주여내입술 을 열어주소서 내
입 이 주를찬송하며 전 하리
나의 주하나님이 시 여 내안
에 정한 마 음 을 창 조하시고 내안에
정 직한영을주사 새 롭 게하옵 소
서 하나님이 시 여 나
를 우슬초 로 정 결 케하시고 주님의
구 원의즐거움을 내 게회복시키소
서 내 게회복시 키소 서

12
천년이 두번 지나도

조효성 사
전종혁 곡

천년 이두번 - 지나도 변하 지 않는건 - 당신
섬 김과 - 나 눔으로 - 아름 답게열매맺 어
을 향한 - 하나님의 - 사랑이예요 - 천년이두번 - 지나도 바꿀
요 하나 - 님 은당 - 신을 - 통 해 -
수 없는건 - 당신 을 향한 - 하나님의 - 마음이예요
그 의마 - 음을 - 그의 사 랑과 - 그의용 서를 -
- 당신 의삶을 - 통 해 - 하나 님영광 받으시고 - 우리
나 타내기원해요 - 천년 이두 번지나 도 - 당신
가 하나 - 될때 주님나라 이뤄지죠 - 당신을
은 하나님 의사람 - 이죠 - 천년
향 한하나님의 - 선 하신계획 - 우리의
이 가도 - 영 원 히 -

13
사랑하는 이에게

조영준,김승구 사
조영준 곡

사 - 랑해요 당 신을 축 - 복해요
축 - 복해요 당 신 -을하늘의 영 원한사랑과
당 신을하늘의 영 원한사랑과 축 복속 에
축 복속 에 당 신 이 있 죠
당신이 있 죠 사 - 랑해요 당 신 -을

14
너는 내 아들이라

이재왕
이은수

힘들고지-쳐 낙망하고넘-어져- 잃어 날힘 전혀없-을때

-에- 조- 용히 다가와- 손 잡아주시며- 나-

에게 말씀 하시네 - 나에 게 실망하 - 며- 내

자신연-약해-고통 속에 눈물 흘-릴때 -에- 못자

국난 그손길- 눈물 닦아주시며- 나 -에게 말씀하 -시네

- 너 눈내아들 -이 라

오 늘 날내가 - 너를 낳았도다 - 너 눈내아들 -이

라 나의 사 랑하는 내 아들이라 -

언제나변 함-없이 - 너 눈내 아들이라

- 나의 십자가고통- 해산의 그고통 으로- 내가

너 를 낳았으니 -

D.S. al Fine

15
또 하나의 열매를 바라시며

설경욱

감사 해요 - 깨닫지못했 었 는데- 내가

얼마나 -소중한존재라는걸 - - 태초부터지금까지

하나님의사랑은- 항 상 날향하고있었 다는걸- 고마워요

- 그사랑을가르 쳐준당신께-주 께서허락하 -신 당신

께 그리스 도의사랑으 -로더욱 섬 기며- 이제

나도세상에-전하리 라 당신 은 사랑 받기 -위

해 그리고 그 사랑- 전하기-위 해 주께서

택 하시고-이땅에심 으셨네 또 하나의 - 열매를바라시

며

1. D Dsus D | D Dsus D A7 | 2. D Dsus D2 A7 D.S.

감사 며 당신

3. D Bm Em A A7 D Dsus4 D

며 또 하나의 -열매를바라시 며

16
주 닮도록

한무현 글
김지형 곡

새로워질 수 있 - 다 - 는 - 다짐을해 보았
이 가고싶어 도 - 나 를 - 놓지않 - 는
- 지 - 만 언제 나 - 다 - 시 돌아 가 있 - 는 - 내
사 슬을 - 끊을 - 수있 - 는 성령님 - 도 움 - 바 - 라네
모 습 기 억하 - 게 - 돼 - - 할 수 - - 만
- - - 오 - - - 날 - 새롭게하실 - 이 는
있 - - 다 - 면 모든걸버 릴 수 있다면 - 그분
- 오직성 - 령뿐 - 이네 - 성령 - 뿐이 - 시 네
께 - 더 - 욱 가까 이 - 가 - 길 원 하고 있 는데
- 주님 - 이 - 나를인도하 - 시 고
- - - 내가 날 바꿀수없다 - 는걸 - 알 - 았 - 지
- 가까 - 이가 - 게하 - 시네 - 주님 - - 도 록
내 모습 - 에미 - 련이 - 남 아있는 - 때까 - 진 - 가까

환난을 받는 너희에게는 우리와 함께 안식으로 갚으시는
것이 하나님의 공의시니 주 예수께서 자기의
능력의 천사들과 함께 하늘로부터 불꽃 가운데에
나타나실 때에

살후 (1 : 7)

17

사랑없으면

James Michael Steven
& Joseph M. Martin
내가 천 사의말 한다 해-도- 내맘에사랑 없-
으-면- 내가 참 지식과 믿음 있어도- 아무소
용 없-으-니- 산을 옮 길믿음이있 어-도 나있는
모 든것줄지라도 나자신다 주어도아무 소 용없네 소용
없-네 사랑 은 사랑은 사랑 은 -영원 하-네-
사랑은 온유 하며
사랑은 자 랑치 않으 며 교 만하지 아니
하 -며 불의 기 뻐 하 지 아 니 -하
니 -내가 천 사의말 한다 해-도- 내맘에
사 랑 없- 으-면- 내가 참 지식과 믿음
있어도- 아무소 용 없- 으-니- 산을
옮 길믿음이있 어-도 나있는 모 든것줄 지라
도 나자신 다 주어도 아무 소 용없네 소용
없-네 사랑 은 사랑은 사랑 은 -영원
하-네- 영원 하-네- 영원
영 원 히 -
인자가 자기 영광으로
모든 천사와 함께 올 때에
자기 영광의 보좌에
앉으리니
마 (25 : 31)

■ 새 노래 ■

너희는 마음에 근심하지 말라 하나님을 믿으니 또 나를 믿으라
내 아버지 집에 거할 곳이 많도다 그렇지 않으면 너희에게 일렀으리라
내가 너희를 위하여 거처를 예비하러 가노니 가서 너희를 위하여 거처를 예비하면
내가 다시 와서 너희를 내게로 영접하여 나 있는 곳에 너희도 있게 하리라

(요한복음 14 : 1-3)

18
Wind of God

Gary Sadler
예수전도단

성령 의 바-람불어-와 - 메마
론뼈-살리소-서--- 사막 에서-우릴건-져
- 주생 기 로-살리소-서 - 오소서 주성령
- - 성령이여 -- 광야
에 서-이끄소-서 - 소망 과구-원되소-서
--- 우상 들은-다무 너져 - 주만
이구-원되시니 --- 주성 령
- 오--소 서 - 성령의-능-력
- 나타내 소서 - - 말씀 과
- 생기 로 - 우리서 - 게-하소-서

부흥 케 - 하소 서 - 주없 이
- 살수-없네 --- 오 소서 -
- 주성-령-- - 오소-서 -

19
영광 영광 주 임하실때

Steve Fry
한사랑선교회

영광 영-광 주임 하 실때
- 주의 교-회 - 경배 합니다
- 오주 여 일어 나 찬양 받 으소
서 주임 하실때 -영광영 광
- 지금 이곳을 채우소 서 -

20

어둠속에서 불러내어

Lynn DeShazo
& Martin Nystrom
다리놓는사람들

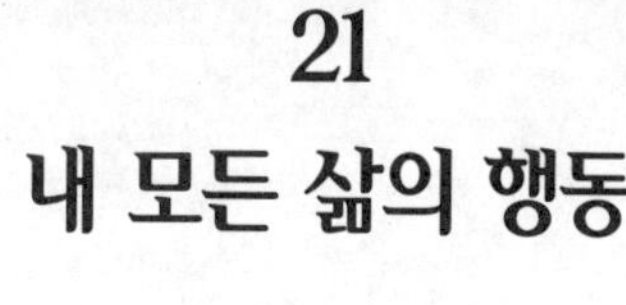

어둠 속 -에서 불러내 --어 기이한
빛에-들-어-가 게하셨네-어둠속 -에서 구원하
-셨네 주의 능 력을 기뻐하리 - 어둠속
우 린 택한 -족-속- 왕
모 든 민족 -에-게- 주
같 은제-사- 장 이라라 주 를위해
의 빛을-전- 하 리라- 우 릴통해
구 별된- 거룩한 나라 - 어둠속
-주 -영-광- - 보게되 도록 -
- 주의 능 력-을 기뻐-하 리

21

내 모든 삶의 행동

David Ruis
예수전도단 번역

내모든삶의행동주안 에 주님 안에 있네
나의숨쉬는순간들 도 내모든 삶의걸음주안
에 - 내길도주안에 나의숨쉬는순간들 도
라 라라라 -라라 라 라 라라 -라 -라라
자 비 와우 혜의물결 어 디서 나주
- 얼굴- 보네 - 주 사랑 날붙드네
오늘 라운주 -님 의사 랑 -

22

주 이름에 복 있도다

Kevin Prosch&
Danny Daniel
경배와 찬양

With awe
1. 주 이 름 에복- -있 도다 -
2. 예 수 님 이다- 스리 시네 -
주이 름 에복- -있도다 - - 그
예 수 님 이다- 스리시네 - - 우

분 은반 석 그 분 은반
주 만물 이 주 님 의손
석 - 그 분은주 - 그
에 - - 있도다 - 우

23
날 새롭게 하소서

정장철
주 계신곳 - 나 찾으리- -
주님앞에 - 나가- 주 뵈오리 -
날 새롭게하 - 소서- 날 새롭게하
- 소서- 날 새롭게하 - 소서- 주님
- 이시간 내모든것 -
맡기 리라 - 나의 연약 한모
습 주-님 고치리- 이 시-간-
날 새롭게하 - 소서- 날 새롭게하
- 소서- 날 새롭게하 - 소서- 주님
- 이 시간 날 새롭게하 - 소서-
날 새롭게하 - 소서- 날 새롭게하
- 소서- 주님 - 이 시간

24
지성소

김영진
주의임재가있 는곳- 그지성소에- 들
어가- 나는 바 라보 네 주의 영광의 얼
굴 주의영광이있 는 곳-
그보좌앞에-나 아가- 나는 경 배하
네 아름 다 우신 주 님
전-능-하-신 -주- 주는거 -룩- 주는거
-룩-하-신-주 놀-라-우-신-주- 주는존
-귀- 주는 존귀하신 -나의주 -

25
만세반석

26
주의 집에 영광이 가득해

Rita Baloche
예수전도단 & 파워스테이션

주님같은 반석은없-도다
찬양받기 합당하신-이 름 -
변 치않으시-는 구 원의반석- 신
실하시고 -진실하 -신주 주님같은
반석은없-도 다 만세반
- - -석 예 수내-반-석
만세반 - - -석 예 수내-반-석
만세반 - - -석 예 수내-반-석
주님같은 반석은없-도 다

John Barnett
예수전도단

주의-집-에-영 -광-이가-득해주의-집-에-영
-광-이가-득해 주의-집-에-찬 -양-이가-득해
주의-집-에-찬 -양-이가-득해
주나-를구원-했 네 영광
돌 리 세 주 나-를구원-했
네 찬양 느 리 세 주 나-를구원-했
네 와서 경 배 해 영원-
히(영원히 -) 영원- 히(영원히 -)

나팔 소리가 나매
죽은 자들이 썩지 아니할 것으로
다시 살아나고
우리도 변화되리라

고전 (15:52)

27

주님의 구원 온 세계위에

정장철

우리가밟는땅을 - 주님이 주 셨네-
우 리가가는땅을 - 주허락 하 셨네-
우리를 주의 용-사로 - 부-르시네
우리를 주의 통-로로 - 삼-으시네
이 곳과 저곳 들을
복 음이 닫혀진땅
- 다니며 보 리라- 주님이
- 주께서 여 시네-
행하 신-능 력 -을 나바라보 리
우리 주 님-의구 -원 기뻐
노 래-하리 - 나 주님-의 구
- 원 기뻐 노 래-하리 - 우리
주님-의구 -원 함께 목 소-리 -높 여서
외 치세- - 함께 목 소-리 -높 여서
외 치세- - 주님의구 -원 온
- 세 계-위 에 - -
주님의구 -원온 -세 계-위 에 - -

28

모든 존귀 주님께 드립니다

Joseph Garlington
경배와 찬양

모든 존귀주-님 께 - 드립 니-다
- 모든 영광주-님께 - 드립 니-다
- 모든 능력주-님께 - 드립 니-다
- 주의 보 혈로 구 속 하 셨네
주님 우 리를 구 했 네 -

29

영원 전부터 계시는 주님

Lynn Deshazo&
Gary Sadler
경배와 찬양
♩=109
1. 영원 전부 - 터 - 계시 는주 - 님 -
2. 상한 마음 - 을 - 치료 하시 - 는 -
모든 세대 - 를 - 다 스리 - 네 -
예수 구원 - 자 - 전능의 - 주 -
안 개 와같 - 은 - 허무 한삶 - 에
사 랑의노 - 래 - 영원 히불 - 러 -
영 원 한사 - 랑 - 베 푸 시 네 -
주 송 축하 - 며 - 경 배 하 네 -
거 룩 거 룩 전능 하신 - 주 - 존 귀
하 신 주어린 양 영 광 존 귀
능 력 과찬 - 송 - 주 의 이 름 에
- 모 두 드 리 네 -

30

우리 죄 위해 죽으신 주

Mark Altrogge
경배와 찬양
♩=66
우 리 죄 위해 - 죽으 - 신주 - 십
자 가 그 사랑 - 감 - 사하 네 날
마 다 주의 형상 대로 변화 되 리라 - - 십
자 가우 - 릴 새롭 게하 리 놀라
운 사랑 - - 찬양하 - 리 라 우
리 들위 해 생명 주셨 - 네 - 놀라
운 사랑 - 찬양하 - 리 라 십자
가의 그 능 력 십자 가의 그 능 력

우리 생명이신 그리스도께서
나타나실 그 때에
너희도 그와 함께 영광 중에
나타나리라

골 (3 : 4)

31
들리는가

Ed Kerr &
Paul Wilber
경배와 찬양
♩=84
D(no3) Gm⁷ Am C
들리 는 가 - - 우 뤠같 은 소
C/D Dm Gm⁷ C Am
-리 유다의 사 자- 외 치는- 소 리
Dm C/D Dm Gm⁷ C Am
- - 주 여 호 와- - 임 하
C/D Dm Gm⁷ Gm⁷/F C²/E
실 때- - 견 고 한 진 무 너 지-
Asus A Dm C/D Dm
리 - 주의 이 름 외- 칠때 - 우리
Bb F Bb Gm D/G Gm
승 리하- 리 라 - 크신 능 력임- 할 때
Gm Asus A
- 원수 는 떠나- 가 리 - 주의
Dm C/D Dm Bb F Bb
은 혜의- 해 에 - 포로들 자 유케- 되 리
Bb Gm Asus A Dm
- 우리 외 치리- 라 엘 샤 다이

32
내 영혼의 보호자

Anne Barbour
경배와 찬양
D G
1. 내영 혼 의 보 호 자
〈은혜〉의 주 하 나 님
〈성령〉이 여 오 소 서
A D G Asus
- 나를 지 켜 주 시 고
- 자격 없 는 나 에 게
- 내안 에 계 신 주 를
A Bm A/C# D
- 어둠 속 에 서 인 도 하 시
- 주의 큰 사 랑 부어 주 시
- 모든 사 람 이 보게 하 소
Esus E G Asus A A7sus D Last time- Fine
눈 내영 혼 의 보 호 자 -
니 은혜 의 주 하 나 님
서 성령 이 여 오 소 서 -
A D/A D G D/F# Em⁷ D
만물을 지으신 주 하 나 님
A Asus G D
보 좌로 이 끄 셨 네 -
A D/A D G D/F# Em⁷ D
자 비로 나 를 고 - 치 사
A Asus G Asus Last time to Fine
주소유 삼 으 셨 네 -
2.은혜
3.성령

33
내 눈으로 주 얼굴 볼 수 없고

34
거룩한 이름

Tommy Walker
경배와 찬양
1. 내 눈-으 로 주 얼굴-볼수--없 고 하늘
2. 주님-만 이 기름부--음받-은 자 아버
위 의보--좌 가 멀게-느 껴 져도 -
지 께인도-하 는 진리-의 길 이라 -
못박-힌 손 내가 만질-수없--어
모든죄-위 해 죽으 시고-부활--하
도 나에겐 표 현할수-없 는 기쁨-이 넘치네
사 사망을 정 복하신-주 님 나를-살 리셨네
주님-을 믿으-리 나 항 상-주 믿으-리
주의-얼굴 볼수없-어 도 내맘-깊 이 함께하-시
는 주님-을 믿으-리 주님 만-의
지 하리 이 세-상의 그 누-구 도 이기-쁨
을 뺏지못-함 을 나 누-믿 네

Mark Condon
경배와 찬양
♩=106 Worshipfully
거룩한-이름 - 거 룩한-이 름 - -놀
라 우신 영 광의-주 거 룩한--이름 - 날
치 료하-시 는 - 능 력의-이름 - -놀
라 우신 영 광의주- 거 룩한--이름 -
다른 이 름은 전혀 없 -네
존귀 한 주 이름- 날 자유케 하 네
- 능 력의-이름 예 수그-이 름 -
주 의이-름 을 -
예 수그-이 름 - -놀 라 우신 영
사 랑하-리 라 - -
광 의주- 거 룩한--이름 -
To Coda
D.S al Coda Coda

35

하늘이여 기뻐하라

Rick Founds
경배와 찬양

G²(no3)
하늘이여기 뻐하라 - 백성들 우 즐거
G²(no3)
워 하라 소 망중에기 뻐하며 - 주께
G²(no3)   C   G²(no3)
찬 양드-리 자 - 주다시 오 셔-서
G²(no3)
만물을 회복 하 시리 공의로 심
G²(no3)   D
판 하실 - 주의 말씀외-쳐 라 -
D G/D G   C/G G
공의 의 주다스 리시-네
G   C/G G   Am7
그통치 하심 - 이 영원하리 - 라
D G/D G   C/G G
우리 주 다시오 시는 - 날
G   C/E Em7   C²(no3) C/D G²(no3)
위엄의 주님 - 을 모두보리 라 -

36

주의 사랑 저 하늘에 미치고

Rocky

Peggy Caswell
경배와 찬양

C#m   A
1. 주 의사 - 랑 - - 저 하늘에 미치
2. 주 이름은 우 - - 강 한요 새 와 같
E
- 고 - - 그 성 실 함 - 공 -
- 고 - - 주 영 광은 우 -
A   C#m   F#m
중 에사무치네 - - 주님의의 눈
땅 가득 - 하네 - - 주님의손은
C#m   F#m   C#m
- 산 들과 같 - 네 - 끝영
- 힘 - 과 능 - 력 - 영
F#m   A   B
없 - 이 - - 신실한사 - 랑 -
광 - 의 - 이 름찬양하 - 세 -
E   A/E   E   B
주님을 높 이리 - 라 - -
E   A/E   E   B
주님을 높 이리 - 라 - -
C#m   A   E
거 - 룩한이 - 름 - 온 맘으로 찬 양 하 - 며 -
B   A   E
주님을 높 이리 - 라 - -

37
이 나라 향한 우리 소망

이 나라 향한-- 우리 소 - 망
이 땅위 한 꿈이 있 - 네
천사들 함께-- 주 송축하 - 며
믿음 으로 큰 부흥 -을 보겠네 ---
모두 무 릎 꿇고 --경 배하며 -
모두 고 백 하리 - 주 하나님 --
하늘 - 의 문 -여 시 --고 우리기
- 도 들 -으 사 - 권능 -의 손 -으로
- 이 땅 -덮으 -소서 -

38
주님 오실 때

주님 오 실 때   신실한 주
주님 오 실 때   이 땅에 진
주님 오 실 때   영광 중 에

백 성 일 어 나 -주 께 나아 가
실 한주 백 성 -주 를 사랑 하
나 팔 울 리 며 -주 를 맞이 하

-리- 주 다 시 오 실 때
-리-
-리-

어 -둠이 몰려 -올지 라도 - -
일 -어나 빛을 -발하 -라-
주 -찾으실 때 -우리 모두 - -부
그 럼 지 않 도록 -

그 때에 인자의 징조가 하늘에서 보이겠고 그 때에 땅의
모든 족속들이 통곡하며 그들이 인자가 구름을 타고
능력과 큰 영광으로 오는 것을 보리라 마 (24 : 30)

39

주님의 그 품으로

Eric nuzum &
Chris Springer
경배와 찬양

1. 주님의 - 그품 - 으 - 로 - 나 이제
서 2. 주 님의 - 은 - 혜
- 나갑 - 니 - 다 - 따스한
- 지금도 - 베푸 - 시 - 네
- 사 랑 - 으로 - 내마음 - 만 - 져 주 - 소서
- 오직믿 - 음 으 - 로만 - 우리가
- 주 - 님 - 치료
- 그 은 - 혜를 - 받겠네 - - 치료
의 손 길 - 로 임 - 하소서 - 치료
의 손 길 - 로 임 - 하소서 - 주는
생명의주 - 살 - 아계신 - 하나
님의 - 말 - 씀 - 이 라 치료 의손 길 - 로 임
- 하소서 - 치료 의손 길 - 로 임
- 하소서 - 은 혜로 - 주님 - 의 능력
- 부으사 - 치료 의 손 길로 - 임하소

40

성령의 불로

Scott Brenner

예수님목 - 마 릅 - 니다 - -
주님을사 - 모 합 - 니다 - -
오시어기 - 름 부으소서 - -
오셔서채 - 워 주 소서 - -
성 령의 - 불 로 - 성 령의 - 불 로
임 - 하 - 소서 - 임 - 하 - 소서
기 름부 - 으소서 - 기 름부 - 으소서

▪ 경배와 찬양 ▪

사랑하는 자들아 우리가 지금은 하나님의 자녀라
장래에 어떻게 될지는 아직 나타나지 아니하였으나 그가 나타나시면
우리가 그와 같을 줄을 아는 것은 그의 참모습 그대로 볼 것이기 때문이니
주를 향하여 이 소망을 가진 자마다 그의 깨끗하심과 같이 자기를 깨끗하게 하느니라

(요한일서 3 : 2-3)

41

모든 영광 존귀 능력

계 4:11
♩=116
김응래(MOG 7000)
C   Cmaj7   F   G7
모든 영-광- 존귀 능-력- 받 으실주-하-나
C   Dm7 G7   C   D
님 우주 만 물이- 주 아 래 엎 드 리
G7sus4 G7   C   G
네 나의 반-석- 나의 방 - 패-
F   G7   C C7   F   G
나 의 힘이되-신 주 내가 주 님앞 에
E Am   F G7   C C7   F   G
무릎꿇고 고 백하 리 오직 주만 사랑 해
C C7/E   F   G7   C C7
요 오직 주만 사랑 해 요 나의
F   G   E E7/G#Am7 Am7/G F   G11 G7   C
힘이 되신 여 호와 여 내가 주를 사랑 해 요

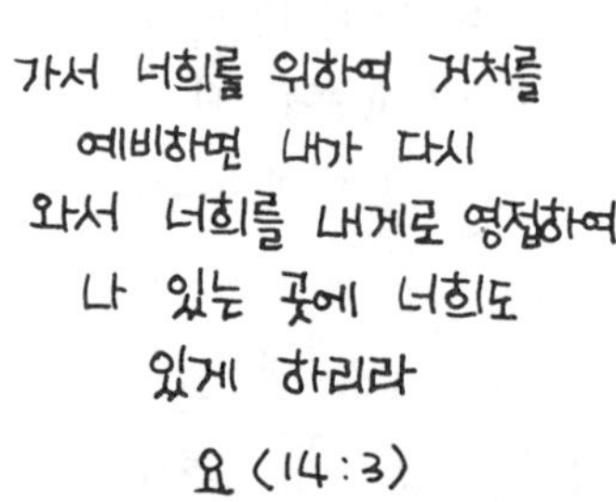

가서 너희를 위하여 거처를
예비하면 내가 다시
와서 너희를 내게로 영접하여
나 있는 곳에 너희도
있게 하리라

요 (14:3)

42

나의 힘이 되신 여호와여

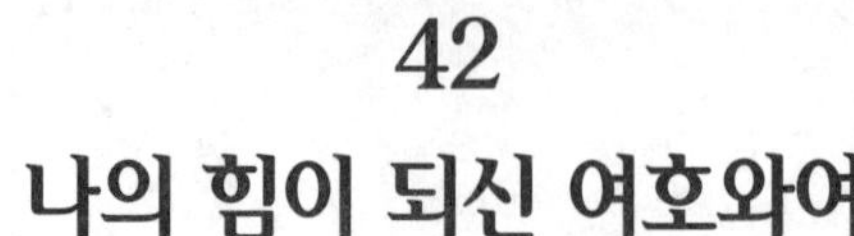

시 18:1,2
♩=72
김응래(MOG 7000)
C   Dm7   G7
나의힘이 되- 신   여 호 와 - -
C   Cmaj7   Dm7
여   내 가 주 - - 를
G7   C   Cmaj7
사랑하나-이 - -다-   나의반석 이시
Dm7   G7   C
요   나의요새 시- 요
Cmaj7   Dm7   G7
나를건지-시 는   나 의하나님
C   Cmaj7   F
-      나의바위 시- 요
G7   C   Cmaj7
나의방패-시- 요   나의구원이-시
1. F   G7   C
요 나 - - 의 산성이시 로- 다
2. F   G7   C
요 - 주는나- 의 산성이시 로 다

43
한라와 백두와 땅끝까지

♩=84
김용래(MOG 7000)
C   G
가난 한 자와 - - 상한자에 - 게 - 복된
F   C G   C
소 식을 - 전케하 - 소 - 서 - 포로 된자와 - - 갇힌 자에
G   F   E7sus4
- 게 - 은혜의 - 해를 - 전케하 - 소 - 서
E7 Em   Am   F
오 직 성령이 - 네게 임하면 - 권능
주님 의성령 - 내게 임하사 - 성령
Am   G E7 Em Am
을 받고 - 증인되 리 라예루 살렘과 - 온유
의 기름 - 부어주소 서 - 주님 의성령 - 내게
F   G   E7   Am
대 - 와 - 사 마리아 - 와 땅끝까 지
임하사 - 성 령의권 - 능 부어주소 서
G/B G   G
많은 돌들아 이제임 어 - 나 - 주가
F   C G   C
쓰시는 - 반석이 - 되 - 라 많은 산들아 - 이제선
G   F   E7
포하라 - 그리 심 산과 - 에발산 - 명령 - 살아

F   E7sus4   E7
계 신 - 하나님 - 말 씀 - - 임 - 하옵소
Am   F   Am
서 - 주 - 님의성 령 - 하 - 늘가르 고 임하옵소서
서 - 성 - 령의단 비 - 이 - 땅한라 에 부어주소서
G E7   Am   F
- - 불 - 어오소 서 성령의 바 - 람 - 구름가
- - 내 - 려주소 서 성령의 불 - 을 - 이땅백
G   E7   1. Am   2. Am
- 르고 - 불어오 - 소 서 - 부 - 어주소 서 -
- 두에 - 내려주 - 소

44
찬양 받으시기 합당한 분

예수전도단 조군상
C G/B F C   C G/B
찬 양 받으 시기합당한분 - 그 이름 예
F C   C G/B F   C
수 예수 찬 양 받으 시기합 당 한분 -
C G/B   F   C
그 이름 - 예 수 예수

45
거리마다 기쁨으로

Reuben Morgan
경배와 찬양
♩ = 132

1. 거리마 - 다기- 쁨으 - 로 -
2. 십 자가 - 앞에- 행할 - 때 -

춤을추 - 게하- 시고 -
주의빛 - 비추- 시고 -

주 의백 -성 기- 도할 - 때 -
물 이바 -다 덮- 음같 - 이 -

이 땅회 - 복하- 소서 - 산위
주 영광 - 채우- 소서 -

에 서- 계곡 까 지- 우리

찬 양- 울리 네 하늘 에서-

열 방 까지- 우리 노래-

가득 하 네 -

네

BRIDGE

할렐 루 야- 할렐 루 -야-

할렐 루 야- 할렐 루 야-

할렐 루 야- D.S. al Coda Coda 할렐 루 야-

- 할렐 - 산위 가득 하 네 - -

46
기뻐하라

Dorothy James,
Don Moen, Tom Brooks
다리놓는 사람들

기 뻐- 하 라- 주 는 우 -리편

- - - 기 뻐- 하 라- 승 리는우리것

- 크 고영화 로우 -신주

영 원히다스리네 - 우 리에게 승리

-주신 주 님 영원한왕가장 - 높으신주 -

47
나의 죄를 사하시려

48
소리쳐 찬양해

요 1:12, 히 13:12
♩=78
김응래 (MOG 7000)

1. 나 의 죄를 사 하시려 독 생 자를주신 - 하
2. 나 의 죄를 사 하시려 십 자 가를지신 - 예

나님 - 나 를 자녀 삼 으 셨네 좋으
수님 - 나 를 친구 삼 으 셨네 좋으

신 나의아바 - 아 버지 내영 혼 주를찬 - 양 -
신 나의사랑 - 예 수님 내영 혼 주를찬 - 양 -

- 해 독생 자 주신하 - 나 님 사랑
- 해 십자 가 지신예 - 수 님 흘리

의 힘으로 - 나 를 살리신 - 하 나님 찬
신 보혈로 - 나 를 살리신 - 예 수님 찬

양 하리 - 영원 히 찬양 하 리
양 하리 - 영원 히 찬양 하 리

♩=96
김응래 (MOG 7000)

소 리쳐 - 찬양해 - 살 아 계신우 리 하나님

소 리쳐 - 찬양해 - 만 유 의주우리하나님 께 영원

히 주님을찬 양 영원 히 하나님찬양

Fine
- 하늘아 - 온땅들아 - 노 래 하라 -

산들아 - 나무들아 - 기 뻐하라 - 만물을 - 창조하신 - 주

찬양 하라 우리를 - 구원하신 - 주 노래 하라 즐 - 거이

D.C.
- 이 제다 일어나 다 같이 찬양해 - 모두

이르되 갈릴리 사람들아 어찌하여 서서 하늘을 쳐다보느냐
너희 가운데서 하늘로 올려지신 이 예수는 하늘로
가심을 본 그대로 오시리라 하였느니라   행 (1 : 11)

49

나의 귀한 시간

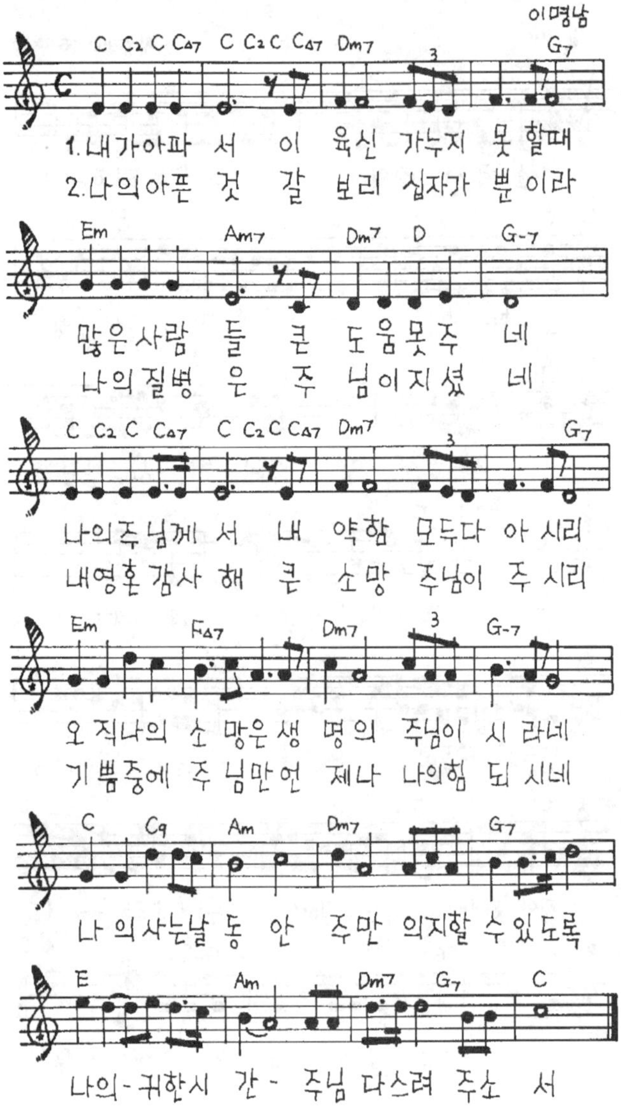
이명남
C C2 C C△7 C C2 C C△7 Dm7 G7
1.내가아파 서 이 육신 가누지 못할때
2.나의아픈 것 갈 보리 십자가 뿐 이라
Em Am7 Dm7 D G-7
많은사람 들 큰 도움못주 네
나의질병 은 주 님이지셨 네
C C2 C C△7 C C2 C C△7 Dm7 G7
나의주님께 서 내 약함 모두다 아 시리
내영혼감사 해 큰 소망 주님이 주 시리
Em F△7 Dm7 G-7
오 직나의 소 망은생 명의 주님이 시 라네
기 쁨중에 주 님만언 제나 나의힘 되 시네
C C9 Am Dm7 G7
나 의사는날 동 안 주만 의지할 수 있도록
E Am Dm7 G7 C
나의-귀한시 간- 주님 다스려 주소 서

50

예수 예수

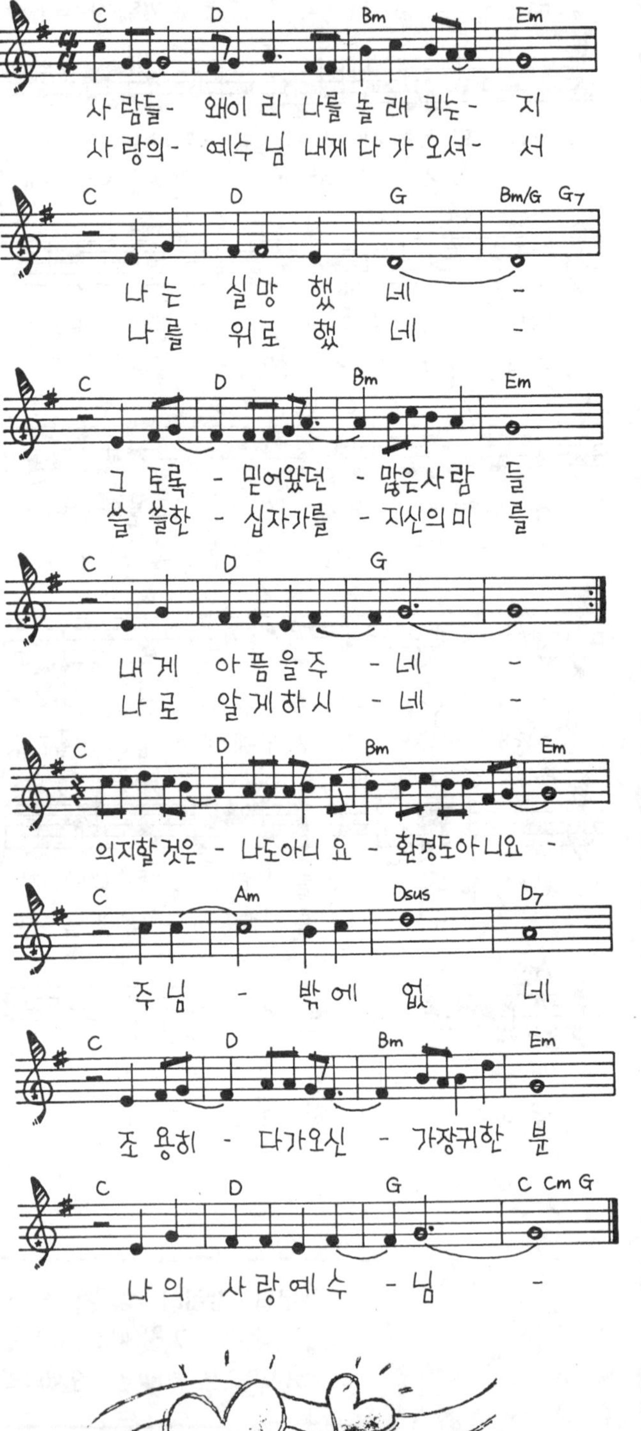

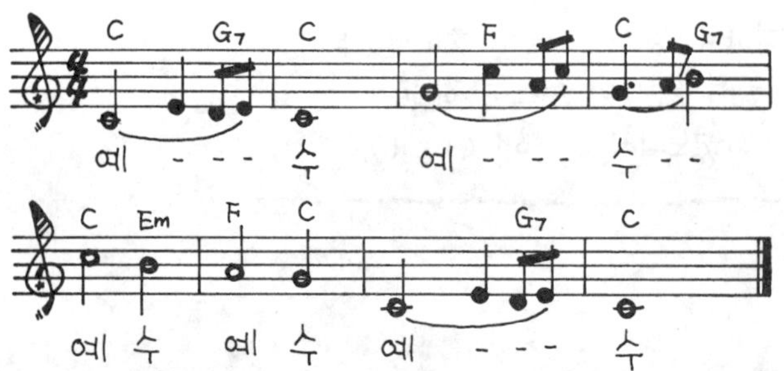

C G7 C F C G7
예 - - - 수 예 - - - 수 - -
C Em F C G7 C
예 수 예 수 예 - - - 수

51

나의 사랑 예수님

이 명남
C D Bm Em
사 람들- 왜이 리 나를 놀 래 키는- 지
사 랑의- 예수 님 내게 다 가 오셔- 서
C D G Bm/G G7
나 는 실망 했 네 -
나 를 위로 했 네 -
C D Bm Em
그 토록 - 믿어왔던 - 많은사람 들
쓸 쓸한 - 십자가를 - 지신의미 를
C D G
내게 아픔을주 - 네 -
나로 알게하시 - 네 -
C D Bm Em
의지할것은 - 나도아니 요 - 환경도아니요 -
C Am Dsus D7
주 님 - 밖에 없 네
C D Bm Em
조 용히 - 다가오신 - 가장귀한 분
C D G C Cm G
나의 사랑예수 - 님 -

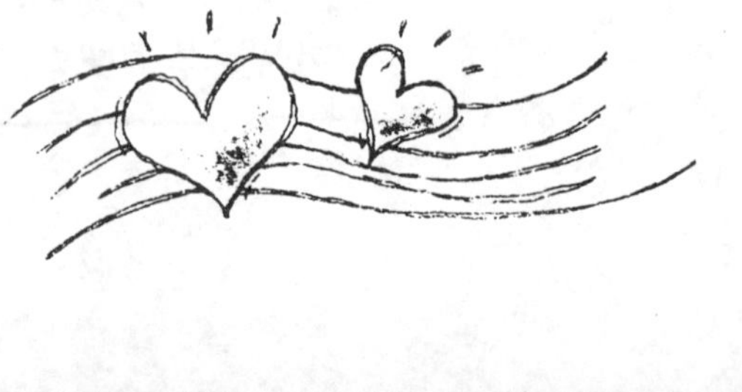

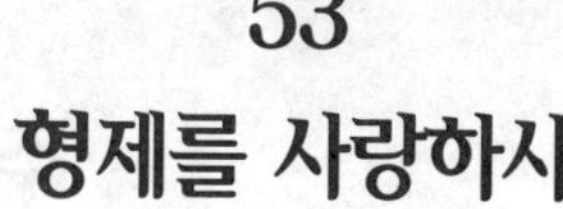

52
방주 지어요

이명남

죄 악이 세상에 관영할때- 주님가슴아파
방 주를 지으라 명령하고- 주님가슴아파
- 해- 그 마음 생각모두 악 할때- 주
- 해- 구 원의 복음을외 면 할때- 주
님 한탄하시 네
님 한탄하시 네
어서 나오세요 구 원의방주로 우리구주예수믿어
너와 나는모두 방 주짓는사람 열심으로 방주지어
요 이제우리모두 주 님오신다고 세상에외쳐 요
요 다시오신다는 주 님의약속이 멀지가않아 요

53
형제를 사랑하사

요 17:21
♩=119

김응래 (MOG 7000)

형제 를 사랑하사십자 가를지신주 그 못박히심을 찬
양 자매 를 사랑하사 십자 가를지신주 그
피흘리심을 찬-- 양 지금 도 살아계셔 우리
안에계시며 우 리의친구가 되신 주 구원
받은 우리들 주안 에서 하나
요 하 나님 자녀들 이 라
천 국의 백성들 이 라

54
나의 날 계수하게 하소서

이명남

오 늘도- 하루가지 나네- 나 에게- 지혜를주
세 월은- 빨리지나 가네- 화 살의- 날음같도
사 나의 날 계수하게 하 소 서 나의
다 밤중 의 경점같은 인 생 들 지혜
날 계수하도 록 영원히 살것같이-
를 알게하소 서

싸 우고- 사네 자 기의- 욕심채우 려
서 산에- 해가 지듯 우리인- 생 도
결 국은- 돌아가는 데 데

55
주의 사랑 내게 임할 때

Paul Oakley
경배와 찬양

주의사랑 - 내게 임할때 그 사랑을 - 측
량할수없 네 나 를 위한 - 주 의 크신 사
- 랑 주사 - 랑 하 늘 - 보다 더 - 높 -
고 - - 바 다 - 보다 더 - 깊 이 - - 내
영 혼 에 임 하 네 주 - 님
동이서 - 에서 먼 것 - 같 - 이 - - 내 모 - 든 짐 옮 - 기
- 셨네 - 날 새 롭 게 하 신 주
사 랑 - 합 니 - 다 주의사랑
Last time to Coda
D.S.
Coda (optional)
주님의사 - 랑 하늘 보다 - 높고 -
주님의사 - 랑 깊 - 은바다보다더

- 깊네 - 주님의사 - 랑
어 - 둠의세력 보다 강하고 -
주님의사 - 랑 꿀보다달콤 - 하네 -

56
왕이신 나의 하나님

시 145:1
♩=78
김응래 (MOG 7000)

왕 이신나 의 하나님 내 - 가
하 나님은 영 이시니 신 령과
주를높 - 이고 영 - 원 히주 의 이름 - 을
진 - 정 - 으로 내 - 삶 과생 명 을 다 - 해
송 축하 리이 다 나 주님께 - 찬 양 하리
예 배하 리이 다 나 주님께 - 경 배 하리
왕 이신하나 - 님 께 할 렐루 - 야 - 주
왕 이신하나 - 님 께 할 렐루 - 야 - 주
께 찬양 - 내 영 으로 찬 양 - -
께 경배 - 내 영 으로 경 배 - -

57
믿음과 현실사이

전영훈, 이유정사
전영훈 곡
2nd times go to ⊕
무 엇이 - 그렇 - 게 - - - 두 려
그 들은 - 당신 - 의 - - -
워 망설이고있 - 나 - 요 - 지쳐버린현 - 실 과
보 이지않는 - 미 래 당신 - 이
늘 앉아 - 있던 믿음 과 현 - 실사 - 이 - 에서
사랑 을 기 - 다리고있 - 어 - 요
- 늘 힘이없 늘소 - 리 - 로 -
자 이제다시일 - 어 - 나
얘 기하 - 는당신 의 모 - 습 -
세 상을 - 향해함 께가 - 요
당 신이 - 믿어 - 왔 - 던 - 하 나님
오 늘도 - 넘어 - 지 - 고 - 실 패하
은 어디있 - 나요 - 당 신의 - 마음 - 속 - 에
늘 삶일찌 - 라도 - 우 리를 - 온전 - 하 - 게
- 당신 의 먼지 - 쌓 - 인 - 성 경속 에
- 만드 시 는그 - 분 - 의 - 능 력속 에

- 내 하나 - 님 - 은크고 전능 하 신하 - 나 - 님 세상
의 왕이요 - 영원 한 내아 - 버 지 내
하나 - 님 - 은크고 전능 하 신하 - 나 - 님 영원
한 나 - 의아 - 버 - - 지 -

58
염려 말아라 내 형제여

사 4:10, 벧전 5:7
♩=80
김웅래 (MOG 7000)
1. 염려 말 아 - 라 주가 함 께하시 니 두려
2. 슬퍼 말 아 - 라 주가 위 로하시 니 눈물
3. 이제 일 어나 라 주가 말 씀하시 니 강하
4. 주께 감 사하 세 주는 구 원이시 니 온맘
워 말아 - 라 내형제여 - 주는 너의 - 하 나 - 님
거 두어 - 라 내자매여 - 주는 너의 - 하 나 - 님
고 담대하라 내형제여 - 주는 너의 - 하 나 - 님
다 해결 - 해 드 - 리세 - 우리 만왕 - 의 왕 - 께

59

보이지 않는 영원한 왕

보이 지않는-영원한-왕- 홀 로 하나-이신하-나님- 모든

영광과죤-귀를주--께 영- 원-히 보이

지 않는-영원한-왕- 홀 로 하나-이신하-나님- 모든

영광과죤-귀를주--께 영- 원 - 히아멘

영광과죤 - 귀영원-히 영광과죤 - 귀영원 - 히

영 광 과 죤 - 귀 영원 - 히아 멘

영광과죤 - 귀영원-히 영광과죤 - 귀영원-히

영광과죤 - 귀영원 - 히아 멘

60

내 영광 내 머리를 드는 주

예수전도단

내 영광내머리를드는 주 내 영 광내 머리를드는

주 오주 나 의방패 내 영광

내 머리 를드는분일 세 - 목 소리높여주께소리

쳤네- -목 소 리 높여주께외쳤 네 - 목

소 리 높여주께소리 쳤네- -그 성 산에서응답하시

리 내 영 광내머리를드는 주 내

영 광내 머리를드는 주 오주 나 의방패

내 영광 내 머리를드는분일 세

61

홀로 영광 받으소서

Donna Adkins
예수전도단

아 버지 께 사랑 과 찬양드 리 니
홀 로영광 받으옵소 서 -

주 의이름 을 높 이옵니 다
홀 로영광 받으옵소 서 -

62
시편 19편

63
유다의 사자 일어나

Hephzibah
Robert Gay
샬롬선교회

내 입 술의-말과 - 나의마음 에묵-상이
- 주께 열납-되- 길 원--하-
네 내입 길 원하 네 내 반-
석 나의-구원 -자 나의- 노 래할-이유
- 주님- 눈 에축-복 되 -길 원하-
네 모 든- 순 간순-간 마
-다 주의- 종 되기-원 해 - 주님-
눈 에축-복 되 -기 원하- 네
원 하- 네

유 다의 사 자일어 나 - 주님
의 이 름 높이올- 릴 때 - 세상
모 든- 나 라 위 에 높으- 신
주 - 말씀 의 능- 력 으 로통- 치
해 - 온 땅 위 에 - - 높이
올 리리 - 주의 나 라 - - 우
리 들가- 운데 - 온 땅 위 에-
- 높이 올 리리 - 말 씀
의 능- 력 으 로통- 치 해 -

64

가족

우리손-에가진것-이하나없-을때 세상에-혼자라고-
채 워지지않-아 도 상관없어요- 보 이지는않아도
생각되-지만- 하지만-괜찮아요-우리 에겐예수님과 늘
- 느낄수있는-주의 사랑이- 우리가족안에 있으니-
함께하-는가족있-으 니 사랑으-로함께하-는
우 리가-하나된것-은 하 나님-의 섭리죠-
사람들-을주시고- 한 마음-이되게하-셨 죠
우 리를-한울타 리로- 묶 어주-시고-
아직도-혼자라고- 생각하-나요 우 리가족-은당신만-을
우 리에-게이 름을- 지 어주-셨네 그
기다리-는데 보 이는것으로는 -
이 름은- 바로 가 족

65

네 모든 짐을 주께 맡겨

네모든 짐을 주께 맡겨- 주 널 지키
높이 주를높 이세 예수 예수 주를높 이세 높이
낮게 밟아버 리세 사탄 사탄 밟아버 리세 낮게
네 네모든 네 1.예수 3.예수 주를높 이세 높이
2.사탄 밟아버 리세 낮게
높이 주를높 이세 2.사탄 리세 3.예수 이세
낮게 밟아버 리세

66
여호와는 나의
박지현
여호와는나-의 반석이요- 여호와는 나-의
생명이니- 종일토록주-님 을 찬양하리- 놀라
운 주이름 찬 양 해- 내영-혼- 주를
기 뻐- 해- 신 실-하-신주님 -
내영-혼- 주를 경배-해- 높으-신- 주님의
이름- 주님은능 력-과 찬 송-이요
환란날의나 -의 구원이시니 생명이되시-는
주하-나님 영원-히- 주 찬양-하-리 라
67
오직 주님만을
예수전도단 이민섭
오직주님 만 을 바라보며- 나의영혼이 주께
나아가나니 주의사랑속에-내가 살아갈때- 참된
삶의의밀 깨닫 게 하소서 오직 주님의- 이름을 높
이며- 주께 나아가길 바 라나이다- 우리
찬양속- 에주님의 영광이 높 여지길- 바라나이
다 지금 우리와 함 께하소서- 우리
안에계신 주님을 찬양합니다 영 원토록 동
행하소서-우 리사랑예수 님 지금 님 -

이와 같이 그리스도도 많은 사람의 죄를 담당하시려고 단번에
드리신 바 되셨고 구원에 이르게 하기 위하여 죄와
상관없이 자기를 바라는 자들에게 두번째 나타나시리라
히 (9:28)

68
주님의 손으로 지으신

Martin J. Nystrom
Don Harris
예수전도단
주님의손-으로 지으신 해와 달 땅과바다- 나
주님의손-으로 지으신 해와 달 땅과바다- 다
바라볼-때 사람이무-언데 전능의주-께서
창조됐-네 주님의은-혜로 주시는권-세로
생각하니- 나알 수 - 없 네 - 주께서
영원하나-다스 리 - 리 - -
나 의이-름 부르기 전에도 알고 계-
셔 주의보 혈 사랑으 로 나주와 함 께

해 친구라 날 부르시- 네 영원히
주 의일보-이소- 서 나의이 름 주의맘
3nd tim to
1. C G/B F² Gsus4 G 2.C G
에 기쁨이되- 네 - 네 -
D.S.
주의보 네 - - 나의이- 름 주의맘-
에 기쁨이되 네 - - - - -

69
높이리라

Mike, Claire McIntosh
예수전도단
높 이리라 위엄 의 옷입-으신
거룩 하-신주-- 님 높 이리라 위엄
의 옷입-으신 거룩 하-신주-- 님 높
Fine

2. F Dm7
님 내 영혼-아- 일 어 나주-의이름
즐겁 게- 찬 양하라 내 영혼-아- 일
어 나주-의이름 즐겁 게- 찬 양하라
D.C.

70
창조의 아버지

David Ruis
경배와 찬양

1. 창조 - 의아버 - 지   그 섭리보 - 이사
주의 - 크신능 - 력   만물이사모하니
2. 열방 - 의통치 - 자   세상이보 - 리라
우릴 - 돌아보 - 사   강건케하 - 소서

—   택하신세대일으키 - - -어
—   성령의기름부어주 - - -사
신실한주의약속으 - - -로
연약함모두벗어지 - - -고

이땅을 고치소서 - - 주영
이시간 임하소서 -
교회는 승리하리
승리케 하옵소서 -

광 여기-임하사 - 열방향 -해그빛 - 비추
소서 주의 얼굴구 - -할때 - 주의 향기 머무 소 -
—서   —서   주의나 - 라가 임하옵 -시며
주님의 - 뜻이 이뤄질지 - 이다 이땅가 - 운데
하나님 - 아들 영광보이 소서 - 주영

71
주님의 강이

Andy Park
영동제일교회, 예수전도단

1. 주 보좌-로-부터 물이-흘러 닿는곳-마-다새
2. 주 님의-강-이 충 만케-되네 닿는 자-마-다치
3.   주님-의-산에 올라-가리   주계-신-보좌

로와지네-   골 짜 -기-를지나 들 판-으로
유케되네- 그 강가 -에-있는 병든 -자들
찾 - 으러- 그 강변 -에-우리 달려-가서

생수-의강물 흘 러넘-치네
주갈-굽하며 돌 아오 -리라 주 님의강이 - 우릴
춤을 -추-며 주를 찬양-하리

즐겁 -게-해 주 님의강이- 춤 추게-해- 주

님의강이 - 우릴 새 롭-게-해

기 쁨-으로 충 만 케 하네-

72

Jesus

알레듀오
힘없 고 연약한 우리 위 하여-
-슴에생-명으 로 - Je-
- 세상 의 큰 짐 인을 - 위 하여
sus 인간의모 - 습으-로 오 신- 하나
- - 천하 고 낮은 몸 으 로오 신
님의아들 Je sus 완전한사 - 랑을-이 룬
- - - - - 주님 의 순결 하 신어-린
- 아름 다운이-름 Je sus 십자가에 - 서흘-린
양 - 어두운세 - 상에 빛으
보 혈- 내 죄사 함 을 Je sus 다시오실
로 - 죽어가는가
- 만왕-의 왕 - 찬양 받으실-뿐 Je su-s

73

예수를 보네

예수전도단
예수 를 보 네 은 혜의 주 - 님
보 네 영 광과 존 귀로 관 쓰
예 수 죽음과 고 난을 받 으
신 죽음을 맛 보신 예 -
사 천 사보다 낮춰진 예수 예수를
수 우 리위 한 은 혜로 다

74
우린 겨우 살아남은 것 아니요

Robert Gay
샬롬 선교회
우린 겨우 살아 - 남은것아
- 가서 취 하 여 - 서 - 이
- 니요 - 일어 나 취하고 - 빼앗으리
땅 을통 - 치 - 해 - 모 든 권 세 능
- 니 - - 아무 도 길 을 막아
- 력 - 우 리 에게 - 주 - 니 - - 주
- 서 - 우 리막 - 지 - 못 - 해 - 주
의 깃 발 - 을 - 높 이 올려 - 들 - 고
이 - 름 - 과 말 - 씀이 - 내게 힘 을주 - 시 -
- 이 제는 일어 - 나 주의 능력 - 안에
네 - - - - - 우린 힘을주 - 시 - 네
앞 서니 가 리 - 우린

75
세상의 빛으로

이 명 남
세상 의 빛으로 우리 를 부르 사
고 - 통하는 소 리 빛을 부르 네
주 님 의 참빛을 비추 어 주셨 네
빛을 - 비 추세 - 우린 주 - 의빛의 자녀라
어 - 둠은짚 어가고 사 - 람들방 황하며
나의 - 삶 태워 - 주의 빛 - 을 비추 세

76
시편 67편

예수전도단 하상욱
하나님은우리를- 긍휼히여기사- 우리에게-복을주시
- 주를- 찬 송 케하 시 - 며 하나
고 그-얼굴빛으로- 우리에게비추사-
님이여--모든민-족 - 으로 주를 찬송 케하-소-
주의도를-- 온땅위 에 하나님은 우리를-
서 땅의모든끝-이 - 여 호 와를-
긍휼히여기사 - 우리에게-복을주시 고
기억하고돌 - 아 - 오 며
그 - 얼굴빛으로- 우리에게비추사-주의 구원을-
열 방의 모든족 - 속 이
만방에-알리소 서 하나 님 이여- -민족들로
주의앞에 경배하- 리 니 - 하나

77
주의 말씀은

정중원
주의말씀은- 내 발의등이요-내길 에 빛 이 시라
이젊은자의 맘을- 무엇 으로- 깨끗 이 -지
- 주의 말씀은- 내 발의등이요 - 내길
켜 가리 요 주의 말씀은- 내
에 빛 이시라 - 이젊은 자의 몸을-
발 의등이요-내길 에 빛 이 시라 -

78
생명 주께 있네

Daniel Gardner
경배와 찬양
♩ = 160
D7sus G D/G G D/G G D/G Em D/E Em
생 명 주께 있 네 - 능 력 주께
D/E Em D/E C D/C C D/C C G/D
있 네 소 망 주께 있 네 - 주 안 - 에있 -
Dsus D D7sus G D/G G D/G G D/G Em D/E Em
네 생 명 주께 있 네 - 능 력 주 께
D/E Em D/E C D/C C D/C C
4 time To Coda
있 네 소 망 주 께 있 네 - 주
G/D
1. Dsus D D7sus
2.3. Dsus D
안 - 에있 - 네 생 네 - 생명
C D/C C D/C G/B G G/B
다 해 - 주 찬 양 - 하 리 - 힘을
C D/C C D/C G/B G G/B
다 해 - 주 찬 양 - 하 리 - - - 내
D A3sus/E D/F# G E B7sus/F# E/G# Am Am/G
생 명 - 다 해 내 힘 을 - 다 해
F Am7/E Dsus D D7sus
모 든소 망 주님 께 - - 생
Coda
G/D Dsus D D7sus G
안 - 에있 - 네 주 께 -

79
오 주님 우리들을

Ross Parsley
Matthew Fallentinine
인터콥
D D/F# G6 D/F#
오주 - 님우리들을 - 온 민족 위 - 한 - 기
Em A D G/A
도 의 집으로 - 삼으소 서 - - - 오 주 -
D D/F# G6 D/F#
님 우리들을 - 온민 족 위 - 한 - 주 님의
Em A Em7 A
2nd to
기 도의 - 도구 - 로 - 주님의 능력의 - 통로로 삼으소
Dsus4 D F G9
서 우리 를 주님 - 의놀라 - 운계 - 획
D F G9
에 능 력의손 - 에쓴 이 게하 - 소
D D/C Bb C9
서 어둠의 세 력을 - 모두멸하고 - 주의
Am Dm Bb
통 치선 - 포 - 해이땅 위 - 에 - 주사랑영 - 원 -
Asus4 A7 D.C D
히 - -

80
그가 아시니

81
주님의 춤추리

Graham Kendrick
Steve A. Thompson
인터콥

강명식

어떤 길로- 그분 따르고 섬겨야-할지 나알지못
해 맘답답하지만 - 나의 계획과-방법 욕심의
짐 내려놓고 오직주 만 의지하게하소 서
1. 앞 날의-두려움 나의 삶의안-락함- 다내려놓
2.죽기 까지-순종하신 내주 님의십-자가- - 아직도
고 가장낮은곳에 서 - 오직 그분- 나의 -가는길
난 -너무도모르 니 - 그- 고난의·비 밀- 몸으
홀 로아 -시는- 내주님 만 의지 하고 따로
로 배우-게하 -사주님가신 길 따 르게하소
리 오직 그분- 나의가는길 홀로-아시는 그분
서
만 의지하 리 변함 없는- 신실하신
그뜻대-로 이루시 리 라

주님의마 음으로나춤추 - 리 성령의능
음 으로사랑하 - 리 주님약속
력으로따라가 - 리 주님의빛 가운데겸어가
의말씀신뢰하 - 리 다시오실 주님나바라보
-리 주님의마 음으로춤추리 - 주님의마 리
-리 주님의마 음으로춤추리 - 리
1.3. D
2.4. D
주는 생명의구원 하늘과땅의 주인
매일의삶속에서 주님을 위한 사랑
주안에넘치는 기 -쁨 주님의아이되어
순종으로주께 드 -려 나의모든힘다해
기쁨의 - 춤추리 주님의영광을 위 - -
주님께경배하리 나의모든것다 드 - -
한 기 - - 쁨 주님의마
려 찬 - - 양 주님의마
D.S. al Coda
- 주님의마 음 으로춤추리 -

82

주님의 보좌 앞에서

Vikki Cook
경배와 찬양
Majestically
D   G/D   D

1. 주님의 보좌 앞에서 간절히 기도 하니
2. 내마음 낙심 이되며 죄책감 에휩 싸일
3. 부활의 어린 양보 라 흠없이 의로 우신

F#m   D/F#   G   G/F#   A   Bm

다 사랑의 제사 장예 수 날위해
때 내모든 죄를 사하 신 주님을
주 변함이 없는 전능 자 영광과

G6   Em7   G/A   D   F#7   G   D/F#   D

중보하시 네 주님의 손과 마음
바라봅니 다 죄없는 주 님죽으
은 - 혜의 왕 그피로 대속 했으

A   D/F#   F#7   G   D/F#   G A   Bm   Bm/A

에 깊이새 겨진 내이 름 영원한
사 날자유 케 하심으 로 공의의
니 주님과 함 께 살겠 네 그안에

G   D/F#   A   Bm2   Bm Bm/A   G6   Em7   G/A

주 의사랑 을 아무도 끊을수 없
하 나님께 서 날용서 해 - 주 셨
생 명있으 니 내구주 되신 하 나

Bm   Bm/A   Gsus2   Em7   G/A   D

네 아무도 끊을수 없 네
네 날용서 해 - 주 셨 네
님 네구주 되신하 나 님

83

주가 날 사랑해

Graham Kendrick
샬롬선교회
♩=132

D/A   D   Em7

주 가 - 날 사 랑해 - 값

A7sus   A7   G/D   D   D/A   D

주 - 고 사 셨네 - 이 제

Em7   G   A

- 나 자유해 - 자 유

D   Am7   Am7/G   D

해 - 그 놀라운 - 주의 사 랑이

FM7   FM7   A2

- 날 위 하여 - 죽으 사

A   Am7   Am7/G   D

- 니 모든죄 - 대신 지시니

Am7   D

- 그 은 혜로 - 나사 네

D   Am7   D

- 그 은 혜로 - 사 네 -

너희도 길이 참고 마음을
굳건하게 하라
주의 강림이
가까우시니라

약 (5:8)

84
그 피로 이 성전을 정결하게

Alan Grondin
Jeff Hamlin
샬롬선교회

그피로 - 이 성전을정-결하게 - 그분의
나의삶에-기쁨이 충만하게-하신 예수 나-의-주
보혈-로- 내 죄를동에-서서쪽 -이먼것- 같이멀
- 거 룩 하 신- 주
-리- 하셨네 - 그 피로 -
예 - - 수 흠 이없 으-신 - 그
나를구원-하셨네 - 나 경배하리 -
거 룩하 신피로 내가 의롭게-서리 -

85
너는 내것이라

예수전도단 하상욱

내가 너를 지명하-여 불렀나니- 너 는내 것이
사랑하는-아들아 - 너는내안에- 숨겨 진 보
라 내 생명 네게주-어 구 속 했나니-
석 내 너 를잃지않으 리 내
너 는내 것이 라 사랑하 - 는 - 아
너 를놓지않으 리 니- 너는 내 것이라- 너는
들아-- 내 너 를기뻐하노 라
내것이라- 너 는 내 것이 라

86
아름다운 주님

이명남.

아 름다운주님 - 나의맘에 - 늘 함께 - 계시오니
- 나의이마음 - 아름답게 -
아름답게하 시네 - 아름답게만드시네 -
세상 지나도 - 주 님의사랑 - 변함없이 날사랑해
- 이 땅에또다시 - - 오시리라 -
나의눈물씻겨주리 - 날 아름답게만드시리
- - 날 사랑하시는 주 님

87
나 주님 알기 원하네

♩=74

김용래 (MOG-7000)

1. 나 주 님 알기원 - 하네날위 해 십자가 - 를
2. 닮기
지신주 나 주 - 님 알 기원 - 하네날위
닮기
해 피흘리 - 신 주 - 나주님가 신길 따 라가리 나
의삶을 다 - 해 나주님 하신일 찬 양하리 나
의 생명다 해 나 해 내가원 하는 그 한
기지 주님을 더욱 알 기 원해 하늘아
뻐 지집에 갈때까지 주 더욱 알기원 - 하 네

88
아름다우신 주

Keith Green
예수전도단
아 름 다 우 신 주
그 얼 굴 바 라 네

주 의 눈 길 비 추 실
때 은 혜 가 넘 치 네 -

89
예수님의 보혈로

예수전도단

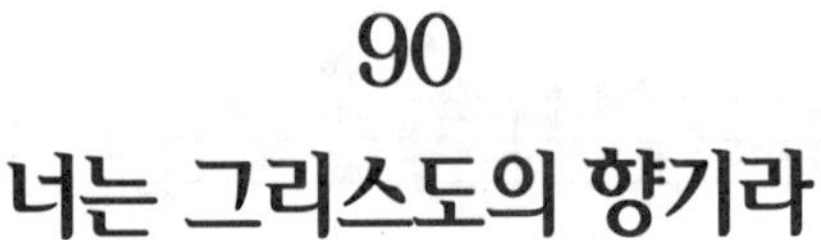

예수님의 보혈로 예수님의 보혈로
예수님의 보혈로 눈 같이희겠네 십자
가 밝은빛 내가 처음보 고서나의 맘에큰 고통 사라
져 주를 믿고서 내눈 밝았네 참
내 기쁨영원하여 라

90
너는 그리스도의 향기라

구현화
이사우

너는 그리스도의- 향 기 라- 너는
그리스도의- 편 지 라 하나님 - 앞에서그-리
스 도의- 향기니- 너를 통 해 생명이- 흘러가
리 너를 통 해 생명이-흘러가 리

* 사랑이 , 기쁨이

91
주님의 사랑이

박정관

주님의 사-랑-이 생명 보다나으
주님은 선-하시 며 그의 성실영원

니 내입 술 주를 찬-양하-리
해 내마 음 주께 감-사하-리

찬-양하 리 주여나의 평생에

주를송 축 하--며 주 의이름 인 -해내

손 들 리 손 들 리

92
주여 진실하게 하소서

Author unknown

주 여 진 실 하게하소 서 오늘
하 루 하루순간 을 주가 주신힘으로 승리
하기원하네 주여 나를 진실하게하소 서

93
주는 내 삶의 힘

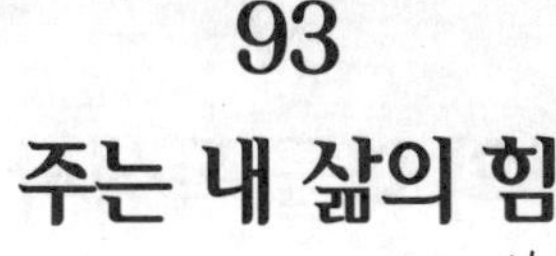

Noel & Tricia Richards
예수전도단

주는내삶 - 의 - 힘되 시며 -
영원히함 - 께 - - 하 시네 -
주의손길 - 을 - 기 다 리며 -
온 맘을다해 - 사 랑해 -
주곁으로 - 날이 - 끄사 -
날안아 주 소 - 서
주의사랑 알 게하 - 소 - 서 -
오 예 수 -
여 오 예 수 - 여

JE SUS

94
주 의지하라

Marion Warrington
예수전도단

1. 주 의 지 하 리 - 라 - 주
2. 주 송 축 하 리 - 라 - 늘
나 - 의 - 하 나 님 - 내
라 우 신 - 하 나 님 - 그
시대가 주 님손 에 있 으 니 나
성실하 신 사랑 주 시 었 네 그
주를 신 뢰 하 리 -
크신 주 의 사 랑 - -

95
우- 우리 기도를

Stephe Hah
경배와 찬양

우 - - - - - - 우 리기 도 를
주의이름 부를때 응 답하소 서
우 - - - - - 들 어주 소 서
내영혼의 소원을 들 어주소 서
하나 님 - 아버 지 - 여 기임 하 사
갈급 한 - 내심 령 - 채 워주 소 서

96
내 마음 간절하게

Terry Butler
예수전도단
내마음간절하게 주 따-르며 주께가까이가길
원-합-니다 나의삶다하도록 간 절-하 게
주님을따-라가리 - 리 주의길가 르치 나의눈열어주
-소 서- 진리안에 서도록 - 주의길가 르치
-소 서- 주님의뜻 알도록 - 나의눈열어주
- 소서 나주께 온전히든 -리도록
- 소서 나주께 온전히든 -리도록
주님을따-라가리 주님을따-라가리

97
하나님의 아들 독생자 예수

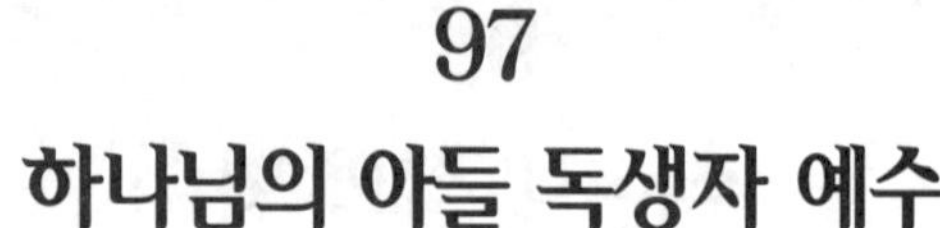

요일 4:14, 요일 4:8,9
♩=72
김응래(MOG 7000)
하 나님의아들독생 자예수 날 위해흘리신주님
버지의사랑빚진 자되니 내 증거는오직십자
의보혈 그 사랑이 내 맘에-흐르-니 나
가예수
주님께 무릎꿇 리 아 감사의 눈물흘리며 나는
이렇게고백 하- 네 하나님은 사랑이-시
니 온 누리 에 주사랑전-하 리 하나님
은 사-랑 이 시니온맘다 해 주를-찬 양

98
존귀와 영광의 주님

Dave Richards
예수전도단
존귀와 영광의 주 님 -우리하나 님 -
- 지금도 다 스리 시 네 알렐루 야 -

- 예수는 온 땅의 주 님 알렐루 야 -
- 알렐루 야 - - - - 알렐루 야 - -

99
나는 주를 찬양하리

Margaret J. Harris
예수전도단
나 는 주-를 찬 양 하-리
죽 임 당 하 신 어 린 양 께
만 백 성 이 주께 영 광 - 주의
피 가 내 죄 사 했 - 네 주의
피 가 내 죄 사 했 - 네

101
영광을 돌리세

Clint Brown
샬롬선교회
영 광 을 돌 -리세-영원 히 주님- 앞에 그 이
름 앞에-찬양-과- 존 귀 를 드-리 세-
목 소리-높여- 주 님 을 기 -뻐해- 거룩
하 신 주 -이름-앞에- 거룩하-신 주 님께-
거 룩 하-신 주 -님께-영 광 영 광

100
새 일을 행하소서

Unknown
샬롬선교회
새 일을 행 하 소-서 - 나의 삶 가운-데
- 주의 놀 라운 -새 일을 - 내 게
새 일을 행 하 소-서 - 나의 삶 가운-데
- 주의 놀 라운 -새 일을 - 내-게

102
예수

예수전도단
예-- 수 - -놀-라운주 님 - -온유와
친절- -넘치는 주 - 님 - -빛나는
주 - -새벽별-처 럼 - -예--
수 - -놀-라운주 님 - -

103
내 손 들고

예수전도단
D
내 손을 들고 - 내 입을 열
A7   A7   G
어 - 주를 찬양합니다 - 오
A7   D   D
나의주 님 - 오 나의주 님
A7
- 오 나의주 님 - 주를 찬양함
G   A7   D
니다 - 오 나의주 님 -

104
예수 귀하신 이름

♩=98   김응래(MoG 1000)
E   B7   E
주는그리스-도 시요 - 살아 계신하나님-의 아
B7   E   B7
들 예수- 귀하신 이름- 오-
E   B7   A
예수- 나-주님 - 나의평생에 - 주님을찬
E   B7   E
양 - 나의삶다해 - 주님을경 배

105
선하신 목자

이강혁 사
백승남 곡
E A   B7   E A   B7
선하신-목-자 - 날 인-도하-시-네
F#7 B7 G#7   C#7
- 주의길-로-다-니-며-뛰어
F#7 B7 Esus4 E   A
놀 게하--시네 --- Fine 나의발을-사-슴
B   B/E E
- 과같-게- 하시-고 -
A   B   B/E   E
높은곳을-다-니 - 게하-시-네 -
A/E E   A9   B7
주님과 - 함께-가는길 - 나-두
G#7   C#7   F#7 E/G#
- 렵지-않-네 - 내-주의
A9   Bsus4   B7
길 따르-리- -
D.C.

Sing!

106
구원의 주 날 건지사

Geoff Bullock
경배와 찬양
Flowing

구원의 주 - 날건지사 - 그은혜와
- 사하시고 - 죽음에서

- 소망중에 - 날의롭게 - 해주셨네
- 자유주사 - 날온전케

- 주날구원 하 셨 네 나의죄를

- 만드셨네 - 주날구원 하 셨

네 주날면 - 저사랑하시 - 고항상
- -해피홀리 - -사나를

나를 아-셨-네 - 주형상 대 -로날만드
대속 하-셨-네 -

- -신-주-님 - 나를위

대 -로새롭게 하 -신주-님 -

주님나를 - 건하셨네 -

107
그날에 이르러

Stephen Hah
경배와 찬양

그 날에 이르러 주님의
열방과 세계가 주보좌

위엄과 그 광대 하심을
앞에서 엎드려 절하며

세상이 보리라 경배하리

여호와 하나님 홀로높임을받

으소서 영원히 주님만

사랑하리 섬기리라

108
감사 드려

찬양하는 사람들

감사드려 주께 감사드려

감사를 드-리자 주님 께

109
나의 이름으로 모이는 곳에

110
내게 구하라

Graham Kendrick
인터콥
시 2:8-9
이길로

나의이 름으로 모이는 곳에 -
너희와 - 함께하리 라
두세사 람모여 한마음 될때 -
내 - 가 - 함께하리 라
내아 버 지 우리 기도를 -
응답해 - 주 시 리 무엇
이 든 구하라 - 내 이
름으로

내게구하 - 라 - (내가열 방을 -) 내게구하
- 라 - (유업으로주리 -) 내게구하 - 라 - (네소 유가
- 땅끝 - 까 지 - - - 내게구하
지 - 내가철장으로 - 저 희를깨뜨
- 리며질그릇같이부 - 수리로다 - - - 내가철장으로
- 저희를깨뜨 - 리며질그릇같이부 - 수리로다
- - 내게구하 라 (내게구하
- 라 - 내게구하 - 라 - 내게구하
- 라 - 내게구하 - 라 -)

111
목마른 자들아

112
부활했네

Graham Kendrick
인터콥
목 마른자들아 - 누구나 - 내
게로나오 라 - 목 나에게로
주 님말-씀하 - 셨네- 와 서마-시 -라
- - 오- 생 명수-흘러 -넘쳐- 나의
영혼을 -적시 -소서- 주의 성령의 -강 물
- 흐르 소 서 - 오- 생 명수-흘러
-넘쳐- 나의 영혼을 -적시 -소 서- 주의
성 령의 -강 물 - 흐르소서 흐르소
서 1.2.3.주 의성 -령의 -강 물---
4.나 의영-혼에 -넘쳐-오-
Noel Richard
& Trica Richard
인터콥
부 활 했 네 부 활
했 네 예 수 사셨 네 -
십 자가 - 에 죽으 실 -때
예 수부 - 활없었 다 -면
예 수다 - 시오실 때 -에
영 원한 - 생 명주 신 주님
실 패 한 것같 - 으나 -
우 리 부 활없 -으나 -
천 사 들 함께 -하리 -
주 의 얼 굴대 -할때 -
희생 제사마 - 쳤 을 -때
하나 님의아 -들 게 -셔
마지 막나팔 -울 릴 -때
찬송 노리메 - 아 리 치네
죄와사 - 망이 -겼네 -
우리소 - 망되 -셨네 - -
무덤에 - 서살 -리라 - -
승리하 - 신예 -수님 - -

113

주를 높이리

주를 높 이 리 주를 높 이-
주의 주 - 주 를 높 이 리
리 왕 의왕 과 주 의 주
- 주 가영원히 통 치-하시네-
영원히다 스 리 네-주를 높 이-
1.영광과능 력 으로 영 광의 면류
2.주의위엄 높 이리
리 주를 높 이 리 왕 의왕 과
관 쓰신주--님 찬양의보 좌앉 으 셨네 주를

114

주께서 높은 보좌에

예수전도단 김국인
주께서높은 보 좌-에- 앉으셨는-데
그 소리눕성 전 에- 가득하도-다
그 옷자락은 성 전-에-
- - 거룩 거룩 하 - -다
가득하도-다 - 천사들이모
만군의 여호 와 그 -영광이
여 서- 서로 창화하여 외 치니
온 땅-에 충만하시-도 다

115
나는 오직 주님의

♩=172
시 5:7,11

이유정

나는 오직 주님의 풍 성한 인자로-
주의 집에- 들어가- 주를 경외 함으로 성
소를 향하여--- 경배 하 -리- 나는
-리- 주께피하 -는자 - 모두
보 호해주--시-니 - 내가 주의이름 -을 -사
- 랑하며- 즐 거 -워합- 니다
- 내가기 - 뻐합- 니다 -

116
사랑합시다

사 랑합시- 다   주님이우릴사랑 함같-이
우 리힘으- 로   온전히사랑할수 없으-니

사랑합시- 다
우 리힘으- 로

용 서합시- 다   주님이먼저행하 심같-이
주 의힘으- 로   우리가서로사랑합시-다

용서합시- 다
주의힘으- 로

갈릴리 거 닐며 사랑하라 하셨 네

갈보리 언덕에서 용서하라하셨 네---

117
이 날은 주가 지으신 날

예수전도단 송해석

이날은주가 -지으신날 기뻐하고 즐거워하세
이날은 주가 -지으신날 기뻐하고 즐거워하세

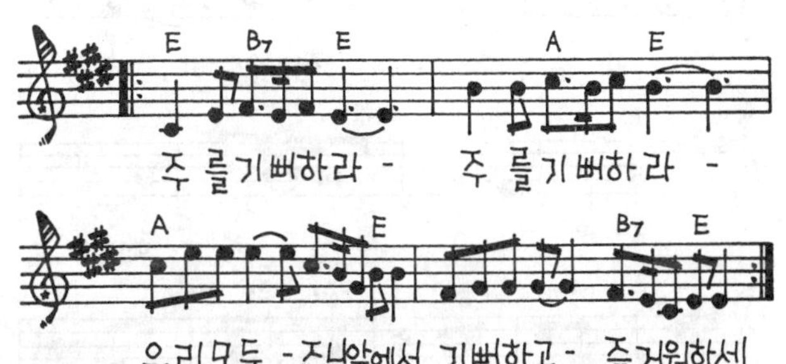

주 를기뻐하라 - 주 를기 뻐하라 -
우리모두 -주님앞에서 기뻐하고 - 즐거워하세

118

너희는 가라

이길로
너희 는가라모든족속 - 제 자삼 으라
- 아버 지와아들- 성 령 으로 -
세 례를 주라 - 너희 - 주여
호 와의신임했네 - - - 내게 기름 -을부 으셨
- 네- 나를 보 내사-상 한자고치며- 갇힌
자 에게전파하리 - 주여 - 주- 님
을 - 주-님을

119

너는 복의 근원될지라

이길로
너는 너 의본토- 친척 아 비 집을 - 떠나
- 내가네-게 지시 할땅으로가 라 내 가너로- 큰-
To Coda
민족을이 - 루고 - 창대케-하리 너는 복의근원될지
라 너를 축복 하는자에게- 내가 복을 내리고- 네가
밟는 모든땅들을- 내가 네게 주리니- 땅의
모든 족속- 너를 인 - 하여- 복을얻으 리라
D.S.
Fine
- - 너는 라 -

120

할렐루야 찬양 예수

예수전도단 조근상
노르웨이 찬양
할 렐루 -야 찬 양예 -수
할 렐 루 야 주 를기-뻐 해 -
할 렐루 -야 찬 양예 -수

Fine
할렐 루 야 주를기-뻐 해 주는
광대 하신주 - 전능 하신왕 -
D.C.al Fine
영원히-통 치 하리 라 - - -

121
복의 근원

예수전도단 하상욱
E   F#   B7   E
하나님의 마음에   합한당 - 신은 -
C#   F#   B7   E   A(add2)/B
주의 영광 나 타낼   세상의빛 - 이 - 라 -
E   F#   B7   Esus4 E E/G#
너의가는 곳 마다   그영광생 명 되 - 어
C#   F#   1. B7   E   A(add2)/B
온 - 세상 - 을 -   축복하리 - 라 -
2. B7   E
축 복 하 리   - 라 -
* 형제님은 , 자매님은 , 두분은 …

122
주님의 사랑 나의 맘속에

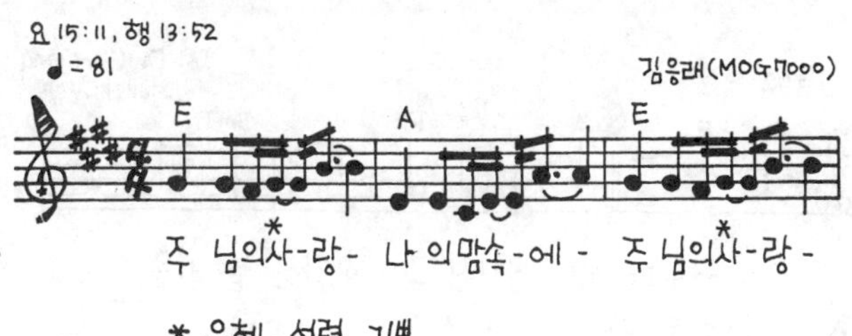

요 15:11, 행 13:52
♩=81
김웅래 (MOG 7000)
E   A   E
주 님의사 - 랑 - 나 의맘속 - 에 - 주 님의사 - 랑 -
* 은혜 , 성령 , 기쁨

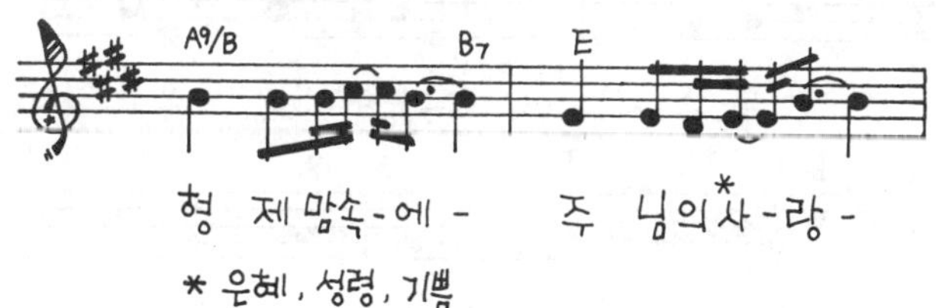

A9/B   B7   E
형 제 맘속 - 에 -   주 님의사 - 랑 -
* 은혜 , 성령 , 기쁨

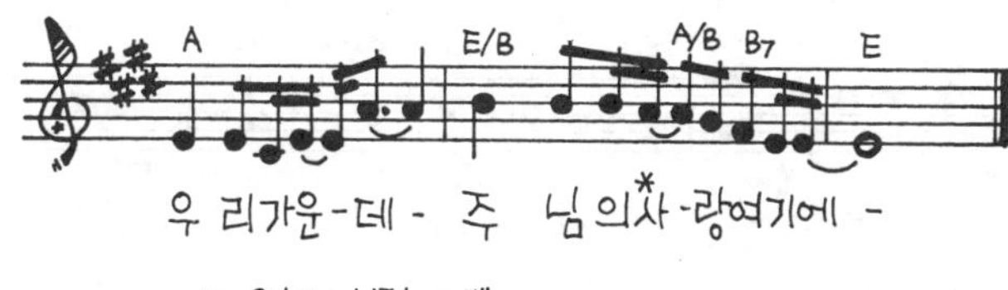

A   E/B   A/B B7   E
우 리가운 - 데 - 주 님 의사 - 랑여기에 -
* 은혜 , 성령 , 기쁨

123
친구의 고백

권희석
3   E   3   F#   3
1. 아름다 웠던 - 지난추 억들 - 사랑했
2. 지난유 월절 - 저녁성 찬때 - 주님과
3. 새벽닭 울때 - 난괴로 웠어 - 풍랑이
B7   3   E   3   E7
없던 - 많은친 구들 - 멀고도 험한 - 고난의
함께 - 마시던 핏잔 - 그일이 문득 - 생각이
일면 - 난무서 웠어 - 하지만 이젠 - 두렵지
A   E   F#   C#   G# B7 3   E
길을 - 나이제 말없 - 이 주님을 위 하 - 여 떠나야 지
나면 - 어느새 내뺨 - 에 주르르 눈 물만이 흐릅니 다
않아 - 이세상 끝까 - 지 주님을 위 하 - 여 죽을텐 데

3   A   E   3
수없이 많은 - 사람들 위 - 해 당신이
B7   3   E   3   A
바친 - 고귀한 희생 - 영원히 당신과 함께있
E   3   F#   A   B7   E
고 - 파 사랑의 십 자가 를 맞이하 네

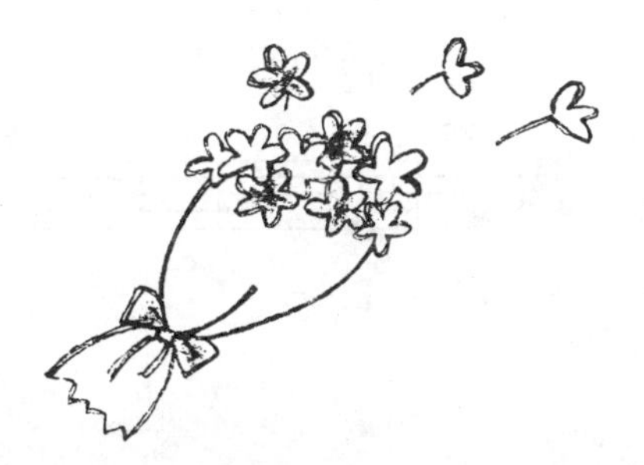

124
선포하리 선하신 주

Isi De Gersigny
경배와 찬양

선포하 리 선하신 주 행하신 놀 라운- 일

기쁨주시 네 주님만 이 우리의

영원한- 소 망이 되시 네

우 린주 님을 - 사랑 하리 라 영원

토록 주 를사 -랑 하-리 라

우 린주 님을 - 사랑 하 리 라 영원

토록 주를사 -랑 하-리 라 -이

땅의 모 든 고 통 -이 기고

- 왕되 신 주를 선 포-하 며 우리

함 께-서 리

이와 같 은 때 찬 양 -하
리라 -주님 은 찬 양 받기- 합당
-한 존귀 하신 하나 님 선포하

125
기쁨의 노래를 부르며

Rick Founds
경배와 찬양

기쁨의- 노 래를부르며 - 주를찬- 양
하라- 기 쁨의- 노래를부 르라
- 우리 하나- 님 께
- 우리 하나- 님 께
찬 양 기쁨으- 로 찬양-
찬 양 우리하나- 님 께

126

주 오셔서 구하시리

Bob Fitts
Gary Sadler
인터콥(Bridge : 이길로)

1. 두려운 마음- 가 진-자여- 놀라-지말라
2. 상한마음-- 가 진-자여- 낙망-치 말라
- -- 주너의하 나님 - 강한손 으로-
- -- 주너의하 나님 - 사랑의 나팔-
- 주이름부를때-- 주님구하시리 -
주오셔서 구 하- 시리 - 주오셔서
구 원하-시리 - 약한자들 -에게 강한능력
- 으로 주오셔서 구원하--시리 - 주오셔서
구 하- 시리 - 주오셔서 구 원하- 시리
- 눈을들어 - 보라 회복의능 -력을 주오셔서
구 원하--시리 - 구 원하--시리 -
3. 원 수가날에-원싸도 --- 나를
넘어뜨릴-수없네 - 주 구원의방-패가되
- -사- 나의 힘 이 되-셨네 - -
D.S.

127

주께 가까이 날 이끄소서

Rick Founds
경배와 찬양

주 께가- 까이 - 날 이끄-소서 -
세 상즐- 거움 -다 버리리 -
주 께가-까이 - 날 이끄- 소서 - 순
전 한예- 배주 -께 드 리리 - -

128
다와서 주 영광을 보며

Lenny LeBlanc
경배와 찬양

1. 다 와서 주 영광을 - 보며
2. 다 와서 감 사를드 - 리며

어린양 보 - 라
어린양 보 - 라

다 와서 주 의공휼 - 보며 -
다 와서 찬 양을드 - 리며 -

엎 드려 - 경배 - 하 - 라

라 그분은 하늘과 - 땅위 의
만유의 - 주님 천사들 - 도모두 주만섬 - 기
네 알 - 렐 루 - 야
알 - 렐 루 - 야

129
온 천하 만물들아

이강혁

온천 하 - 만물들아 -
주님 을 - 찬양하라 -

주를 찬양 - 하 - 여 - 라 영 광의주님 - 을
주를 경배 - 하 - 여 - 라
만 왕의왕주 - 께 - 우리

모두 - 나 - 와 찬 양드 - 리세 -
주가 행하 - 신 - 일 함 께기 - 뻐 - 해
주의 영광을 - 보 게되 - 리 - 라
- 그날에 - -

130
평화의 도구로 써 주소서
Kirk & Deby Dearman
경배와 찬양
♩ = 60
평 화의 도 구로 써 주소 서
미 움있 는곳 -에사랑 넘 치 도 록
평 화의 도 구로 써 주소 서
우 리평 화 의 도구 될- 때 -
교 만과편 견 은떠- 나 리 -
1.미 움있 는곳 -에- 사 랑전하 며
2.눈 -먼 자위 -해- 빛 을+하 며
상 처입은 -자를- 위 로하리 라
어 두운곳 -에서- 주 의빛되 리
분 쟁있는 곳에 평 화전하 며
슬 퍼하는 자를 함 께품으 며
회 복을- 구 하 는자에 게
D.S.al Fine
평화의- 도 구 가되- 리 라

131
주님의 은혜로
Don Moen
경배와 찬양
♩ = 152
1.주 님 의은-혜 로 - 큰 계 획가-운 데
2.주 사 랑가-운데 - 내 길 을여-시 고
- 주의 얼 굴구-하 며 - 주께
- 주의 행 하신-일 을 - 찬양
나 아갑-니 다 - - 그 베 푸신-은 혜
하 게하-시네- - 주 같 이참-되 고
- 기 억 할때-마 다 - 주
- 신실 하 신분-없 네 - 날
내 게행-하 신 -일 감 사 드립-니 다 -
인 도하-신 주 -께 감 사 드립-니 다 -
주이름송 축하 -리 - 왕 의왕-또 주
-의주 - 주이름찬 양하 -리 -
주님께경-배 드 -리리 - 나 를
씻 어주-시 고 - 주 임 재하-심 만
- 내-삶에 - 가득 하 게하-소 서 -

132

주 임재하시는 곳에

Paul Baloche
Edd Kerr
경배와 찬양

주 임 재하-시는곳 -에- 우리 함
-께- 찬양하--리 일 어 나기-쁨으로
- 소리 높 -여찬--양해 - 주
- 내 영 혼 노 래하-며
춤 추게 하 시네- 기쁨의
이 유 되시는 - 주님 ---- 주
- 두손 을 -들고서 - 소리 높
- 여찬 --양해 -

133

나 이제 예수님 발 아래

김응래 (MOG7000)

나 이제 예 수님발아래- 무 릎꿇고서 겸
손히 고개를숙이 네 날위해 눈 물흘리시는-
나 의예수님이 죄인 받아주옵 소 서 온 땅에
소 리쳐 말 하리 죽음의 잠 든날
살리신사랑온 땅에 밝 히 증 거 하-리-바
로 그때의그일 을 나이제 하 늘아버지께-
손 높이들고 사 랑의 노래를부르 네 날위해
독 생자를주신- 나 의아버지영 원히 찬양받으소 서

134
내가 주를 따를 때

이명남
내 - 가주를 따를때 주 께서주신 소명
주 - 없이아무것도 할 수가없다 는것
잘 감당 하도 록 늘 겸 손한맘 주소 서
늘 알게 하소 서 늘 알 게하소 서
세 상고통 다 해도 나를넘지 못 하리
주 님의 사랑 이 - 지 켜주시 네
이 제내가 갈 길 주 님만을 위 해
끝 까지 걸으 리 - 주 만따르 리

135
우리를 지으시고

문은영
우리를지으시 고 - 만물을다스리는 자 -
그이름여호 와 라 창조주나의하나 님 -
천지를지으시 고 - 만왕이되신 주 -
그 이름소리높여찬양 - 창조 주하나님 - 께 - 위
대하-신창 조 주하나님그 의 능력놀라워 라 - 존
귀하-신창 조 주하나님그 의 솜씨놀라워 라 - 영원
부터영원까지 - 찬 양 찬양 - 할렐 루야 -

136
해가 뜨는 아침에

해가 뜨는아 침 에주를 찬양하 리 햇빛찬
란 한낮 에주를 찬양하 리 별빛

반짝일 때 에주를 찬양하 리 캄캄한
밤에도 주를나 찬양하리 라

137
주의 영광 임하실 때
Steve Fry
샬롬선교회

주의 영 - 광 임하 실 - 때
주께 경 - 배 드립니 - 다
찬양 가운데 임 하신 주 송축
해 주께 영 - 광 드립니 다
- 주님 계 신곳 채우시 네
영 광의 예수님 우 리를성전
으 - 로 통 치하는 살 아계신 돌
- 사 망권세 이 기고 일 어나신
예 수 찬 - 양가운 데 일어나
시 - 는주 - 님 - 영 광의옷
으 로 우리를덮으 니 - 주의

138
이제 주님의 보혈로
김응래(MOG 7000)
♩=76

1. 이 제 주님의 보 - 혈로 담대
2. 우 리 주님의 보 - 혈로 담대
3. 이 제 주님의 이 름으로 한걸
4. 이 제 주님의 사 랑으로 이땅

히 - 성소에 나 아가 - 리 이 - 제 주님의
히 - 성소에 나 아가 - 세 우 - 리 주님의
음 - 한결음 전 진하 - 세 이 - 제 주님의
을 - 정복해 나 아가 - 세 이 - 제 주님의

보 - 혈로 담대 히 나아가 리
보 - 혈로 담대 히 나아가 세
이 름으로 전진 해 나아가 세
사 랑으로 이땅을 다스리 세

139
시편 51 : 10
이명남

하나님 이 여 - 내속 에 정한마
음을 - 창조하 시고 - - 내안 에 - 정직한
영을 - 새롭게 하 소 서

140
나의 모든 것을

이명남
F   C   F   C
나의모든것 을   주님앞에드 리네-
G/B   C/A   F₂   G₇   C
가치없는 나 를   찾아오신 주 님
F   C
나의가진것 모두 -   주를위해바 치네-
G/B   C/A   Dm⁷   Gsus⁴⁻³
작은것을통 해   크게역사하 신주 날
C₂   G/B   Am²   Am/G   Dm⁷   G₇   F/C   C
위 해이 땅 에오사   나를사랑하 신 주님 나
C₂   G/B   Asus⁴   Am/G   Dm⁷   G₇   C
가 진것은 없 어도   주께드 리 리

141
십자가의 주님 흘리신 물과 피

♩=110   김응래 (MOG-7000)
F   A7/E   Dm   Gm   C₇
1. 십 자가의 주 님 흘 리 신물 과 피 나
2. 십 자가의 주 님 날 오 라하 시 네 멀
3. 십 자가의 주 님 날 쉬 라하 시 네 나
A₇   Dm   Gm   Csus⁴ C₇
의 모든 죄 를 대속하 신 나의주 님
리 갔던 나 를 다시오 라 하시는 주
의 모든 짐 을 벗겨주 신 나의주 님
F   A7/E   Dm   Gm   C₇
예 수님의 보 혈 날 위 한그 사 랑
예 수님의 눈 물 나 의 맘적 시 네
예 수님의 평 안 참 자 유주 시 네
A₇   Dm   Gm   C₇   F
십 자가의주 님 나를씻 어 정결하게 하소 서
십 자가의주 님 나를받아 나를받아 주소 서
십 자가의주 님 내게안식 참된안 식 주소 서

142
땅의 모든 족속이

인터콥 David Park
F   Dm
1.땅의 모든 족속이- 돌아 오기 까지- 나의
2.나의 정성다하여- 지은 나의 아들- 나의
Gm⁷   C₇   B♭/C   C₇
잃은 아들이- 돌아 오 기 - 까지- 고통
생명 다 하여- 사랑 한 나의 아들- 언제

Am   B♭ F B♭   B♭/A
받는 자들의- 눈물을   닦 기 까- -지
라도 포기할- 수없는   나 의 아- -들
Gm⁷   C₇   1.F   Dm   2.F
나 눈 쉬지아 -니하리라 - - - - - (나의)
나 눈 너의아 -버지니라 - - - -

143
주는 나의

한웅재

주 눈 나의 좋 으 신하-나님- 내
게 말씀-을주셨 네 주 눈 나의 신
실한하-나님- 내 삶을 인-도하시 -네- 마음
깊은 곳을 위로하 시며- 나의 눈을 들어 주보
게 하시네 나의-주- 주 눈 나의 좋
으 신하-나님- 내 게 말씀-을 주셨 네 주
눈 나의 신 실한하-나님- 내 삶을 인-도 하시
-네- 내 삶을 인-도하시 -네-

144
주님의 사랑

W. Elmo Mercer

주 님의사랑 밝은 낮과같이 빛
주 님의사랑 바다 같이 깊게 내
으로보호 하 네 - 주 님의사랑 맑은
곁에늘계 시 네 - 주 님의사랑 예쁜
미풍 처럼 밤 세워돌보 시 네 - 오
장미 처럼 나 날이향기 롭 네 - 비
귀 중한나의주 님 - 주 님만 을만 족하
둘 기와 같은평 화 - 난 저 하 늘위 에있
네 - 사 랑의약속 내게 늘있 기에 날
네 - 주 와맺어진 놀라 윤나의삶 주
마다행복 하 네 - 네 - 주
사랑때문 이
와 맺어진 놀라 윤나의삶 주
사 랑 때문 이 네 -

145
주는 높이 들리리

Chris Christensen
예수전도단
주는 높 이들 리리 - 주는 높 이들 리리
- 천군 천 사가 외치 - 네 주는 거룩하도
다 주는높 이들 리리 - 주는 높 이들 리리
- 모든 세 대가 경배 - 해 주는 거룩하도
다 전능 하-신 주의 영-광 그 능 력의 옷
입었네 만물 위-에 높이 리-라 모든
권 세가-주님 께있네 주는 다 - - - -

146
나의 주 영원히 찬양해

Joey Holder
예수전도단
나 의-- 주 영원- 히 찬 양 해--
다 함-께주 이름 높 이 세
주님-의-인 자-는 끝 이 없 네--
다 함-께 주 이름 높 이세
높 이세 광 대하-신 주--찬양
거 룩한-이름- 주 께영-광돌--리세
영원히-다스- 리 네 - 높 이 세

147
주 이름 높이 들려

Dale Garratt
예수전도단
주 이름 높이 들 려 그 영광 땅과 하 늘위
에 - 거룩 하신주 전능 의 왕 어제 그

도 계셨고 다시 오 -실주
보좌 앉으사 영원 히 사시 리 라 -

148
이 시간

조영준
F G Em
이 시 간 -성 령 님 -이-
C7 F G Em
-이 시 간 -주 의 신 -이-
Am Dm G C
나의머리위에 기 름을 -부으 시 -니-
Am Dm G7 C
나의위에운행 하 시니 -두 렴 없 -네-
C7 Dm G7 C
세상고 통 사 라-져 -기쁨이 내 안-에
C7 Dm G C
세상신을 벗고-서 -그 앞에 엎드-려
A7 Dm G C
주-님의 임 재가 - 이곳 에
A7 Dm G7 C
기-도의 노래를 -부르리 라

149
깨어진 심령

Don Harris
Martin J. Nystrom
예수전도단
F/A Bb2 Bb/C F
깨어 진 심 -령 부서진마 음
Eb2 Bb2/D F
-내 마-음 방황 하 지 만
Dm7 Bb/C
-주님께 서는 - 멸시치 않네 -
Eb2 Bb2/D C
-주님-을 사랑-해 요
F/A Bb2 Bb/C Dm
-주의진리 로 만져주 소 서
C/Bb Am7 Dm7 Gm7 F/A
내마-음 여기드 리니 -주님-
Bbmaj9 Bb/C F Fine
-깨어 진 심 -령 부서진마 --음
Bb Bb/C F
D.S.
F/A al Fine
이 받으소서 - -깨어 진

150
생명의 강에 오라

Don Moen
Claire Cloninger
샬롬선교회

생명의강-에오라 - 고침을 받으리 - -
생명의강-에오라 - 값없이 마시라 - -
네영이목-마르-고- 주님을갈-망하-면
예수가계-신그곳 -에 와마시 라
주의생명의강 - - 주의강이 -나뉘어-흘러
- 기쁘게하네 - 하나님의성 - 마음
- 이슬픈-자모두 - 그강으로오 - 라- 주님계신
- 곳 - 주의생명의강 - -슬픔
- 도없고 -어둠도-없 는 - 영원한나라
- 로부터-흘러 주님을높 -이는자
- 들에게- 넘치게채-우시네 - 넘치게
- 주의생명의강 -

151
온 세상 향한

이길로

온 세상향 한 아버지의 깊고도 끝 없는사랑
아 들보내 사 믿는자마 다 영생을 얻게하심 이
라 - 하 나님사랑 맑 은생명수
세 상죄지신 어 린양예수
진 리의성령 영 원한사귐
온 땅에흘러넘 쳐 - 참 사랑없어 메
온 땅에들리실 때 - 참 생명없어 억
우 리와함께계 셔 - 참 믿음없어 연
마른영혼 소 성케되 리 - 라 -
눌린백성 자 유케되 리 -
약한자녀 새 힘주시 리 -

152
광대하신 주 찬양하리라

Chris christensen
예수전도단
광 대-하-신 --- 주 찬 양하-리 라
--- 광 대-하-신 ----- 주
--- 광 대-하-신 ----- 주
찬 양하-리 라 ----
찬 양하-리 라 --- 나 측 량할-수 없
- 으리 - 그 나라는-영 원
last time to Coda
- -하리 -- 세 대-와
세 대-가 주 -를- 찬 -양 하-고 그
놀 라-운 일 말-하리 --
주 님-의 영 광-의 모 -습-
그 능-력 보 이-소 서 -
광 대-하-신 --- 주 찬 양하-리 -

153
예수 하나님 아버지의 아들

이강혁 사
채한성 곡
예수- 하 나님아버-지의아들 예 수- 인
예수- 그 이름에능-력-있네 예 수- 그
간의모습-으로오신 예수- 우 리의죄를-짊어지신
이름에구-원-있네 예수- 난 그이름영-원-히
어 린 양 예수내죄를사하-셨네 예 수 나
찬 양 해
를구원하-셨네 예 수 그누그리-스 도
영원히다-스리리 -

154
기쁨으로 주 찬양

Daryl Ching
예수전도단

기쁨으로주 - 찬양하리 - 두손을높이
- 들고찬양 - 내맘속에모 - 두 기쁨으로
- 존귀하신주 - 이름찬양 - 우릴
지으신주께 - 영광돌 리 세 우릴
지으신주께 - 영광돌 리 세

155
아름다운 주

Dennis Cleveland
다드림 선교단

1. 예-수 예-수 아-름 다운주 주
2. 부드런 그손길 내눈을 보게해 주
내 삶을 아름답게 만드 셨-네
내 삶을 아름답게 만드 셨-네

156
나의 맘을 주께

Rueben Morgan
샬롬 선교회

나의 맘을주께 - 내영을주- 님 께-- 나
주 위 해살리 - 살아있는동- 안 - 어느순간에- 도-
- 나 주만 따르리 주만 따르리 -
주 만 따르리 -
나의 소- 망은 --- 주
경 외 함 - 내 맘을 - 다해
--- 주경배 해 -
내 안에- 모든 -것-- 주 찬 양
해---. 주 님만- 사모
--해 영원 히 -

157
일어나라 하나님의 사람들이여

열왕기상 19:18
이사야 60:1
김응래(MOG7000)
1. 이 나라이백성의 고 통을 보소서 나 의 하나 님 눈
물로부르짖는 소 리들으소서 나
2.(이) 나라이백성의 찬 양받으소서 나 의 하나 님 신
령과진정한 - 예 배받으소서 나
의 아버 지 나 의 옷을 찢고서 - 회
의 아버 지 우 리 다시 일어나 - 손
개 하오니 우리 의죄 용서하 - 소 서 주
에 손잡고 주의 성전 견고케 - 하 니 성
님의 공휼을 잊 지 마옵소서 우 리를 기억하 - 소
령의 기름을 부 어 주옵소서 이 나라 이백성 - 에
서 하나님 의 사 - 람 - 들 을 성령하
게 하나님 의 사 람들 - 에 게
나님이시여 - 정결 케하소서 - 이땅 의하나님의 - 사람들
을 성령하 나님이시여 - 일으 켜 주소서 - 남겨
논 하나님의 - 사람들 을 일 어나라 - 빛을 발
하라 - 하 나님의 - 사람들 이여 - 일어나
라 빛을발 하라 깨어나 라 빛을 발
하라 이땅위 에 - 이 - 이땅위
에 - 이땅위 에 -
D.S.

158
주의 성령 이곳에 임하소서

Dottie Rambo
David Huntsinger
예수전도단
주의 성령 이곳 에 임 하소
서 주의 성령 우리 게 임 하소
서 전능 하신 아 버지 여오 셔
서 은혜 와 자비 베푸소 서 -

159
하늘과 땅 모두 즐거워하라

경배와 찬양
Don Harris
Matin J. Nystrom
♩=168
하늘과 -땅 모 두 즐거워 하 - 라
바 다 는 -소 리 - 높여외 치
라
숲 속의 -나 무 들은손 뻗치 -
라
주의 영 광 온 -땅 에
충 만 하 리 - 라 -
1.온
2.저
만 물 -이 담 대 -히 선 포 -하 리 라 - 주
하 늘 -이 주 위 -엄 나 타 -낼 때 에 -주
행 하 -신 놀 라 -운 일
능 력 -이 인 정 -되 리
열
만
방 백 -성 함 께 -다 선 포 -하 리 라 -선
물 이 -큰 소 리 -로 고 백 -하 리 라 -살
하 신 -우 리 하 -나 님
아 계 -신 주 예 -수 님
Fine
D.C.al Fine

160
아침묵상

이길승
내 영혼이- -내 영혼이- 주앞 에마주앉 았
습니다 내 영혼이- -내 영혼이- 주앞
에 마주앉 았 습니다 - 말 씀하 -시는 주
-여 - 나에 게 말씀- 하소 -서- 주의
종이 - 들 겠나 -이 다 - 지혜
와 계 시 의정 -신을 나에 게 -주 소-
-서- 주의 마음- 깨달 아알 수있 -게 -
내 영혼이- -내 영혼이- 주앞
에 마주앉 았 습니다 내 영혼이- -내
영혼이- 주앞 에 마주앉 았 습니다 -

161
함께 주의 이름 높여 드리세

안성진
함께 주 의 이 - 름 높여 드리세 온 땅 위 에 높
우리는 고백하네 - 구 원 자 - 예 - 수 - 님
- 으신 이름 함께 주 의 이 - 름 높여 드리세
- 우릴위 - 해 - 자 신 의 - 생 - 명을 주
온 땅 위에 - 온 땅 위에 - 뛰어난 - 이름 -
- 심으로 - 영원한 사 랑과 -
세상은 주 - 의 이름 - 알 - 지못 - 하지만 -
자 유를 - 주 셨네 - -

162
부흥 있으리라

Renee Morris
박정판
부 흥 - 있 - 으리 - 라 - 이 땅에 - - -
- 라 - 이 - 땅에 - -
부 흥 - 있 - 으리 - 라 - 이 땅에
- 이 땅 에 - 라 -
동쪽과 - (동쪽) 서쪽
부 흥 - 있 - 으리 - 라 - 부 흥 - 있 - 으리
- (서쪽) 남쪽 - (남쪽) 북쪽에 -
- 라 - 부 흥 - 있 - 으리 - 라 - 이 - 땅에
부 흥 - 있 - 으리 - 라 - 이 - 땅에 -
- - - - - - - 이 땅 에

163
우리의 가진 모든 것을

Kok Yew. Toh
Poh Heng. Teo
경배와 찬양

우리 의 가진 모 - 든 것을 -
훔 - 히여기 - 사 성 령 - 으로 이 - 땅 변화
주 의 뜻 - 위 해 - 시 용하 - 소서 우리
뒤 - 게 - 하소 서 우리 서
의 마음 살 - 피시고 - 다시 빛으사 정결
부르 심 따 - 라 서 교 회를세 우리라
케 하 소서 주님의 제 단 으로 나 - 가 그
- 주 영광 보 - 이 사
거룩 한 불 - 로 사 망의 땅 에서 - 생명을
구원을 베푸 - 소서 - 이 땅에 - 주님의
전파하 - - 리라 - 소망이 없 - 는 세상 - 을 긍

164
내 모든 소망

외국 곡

내 모 든 소망 - 이 - 루는 주 님 - 내 모 든
쓸것 - 채 - 우는 주 - 나의 구 - 세주 - 위 대한
의 사 - 오할 렐 루야 - 나의 전 - 부 - 내 모 든

소망 - 이 - 루는 주님 - 내 모 든 쓸것 - 채 - 우는
주 - 나의 구 - 세주 - 위 - 대한
의 사 - 오할 렐 루야 - 나의 전 부 -

165
거룩하신 전능의 왕 앞에

Michelle Hira
경배와 찬양
거룩하 신 전능의 왕 앞-에 만물이
다 경배하 네 그생명 주 셔서-서- 우
릴 씻으-시니- 믿음-으 로-승리-하리 라
호 흡있-는모 든 자들아 - - -
여 호와-를 찬-양 하여라 - - - 높은
산과낮-은골--짝에서 주님을 찬양--하리라
내안의-모 든-것 주 찬양 - -
호 흡있-는모든 자들아 - - -
여 호와-를 찬-양 하여라 - - - 높은
산과낮-은골--짝에서 주님을 찬양--하리라
내안의-모 든-것 주찬양 - -

166
감사드리세 주께

Israel Traditional Song
샬롬선교회
감 사드리세 주- 께 그 눈 선하시- 며 인
자 하심이 영- 원-- 영 원 함이-로 다 감
사 감사 감 사감사 감 사 드 리세 주- 께 감
사 감사 감 사감사 감 사 드 리세 주 께

167
내 갈길 모르나

이명남
내 갈길모르 나 주님 성령께서 인도하네
- 먼 길로나갈 때 주님
성령께서 인도하네 - 주님께 기도함-
니다 - 주께서나를이끄 시-네- 험한
산 가시 밭길 도 주님 께서 나와함께하시 네
D.C.

168
주님의 이름은 참 견고한 망대

Curtis Peifer
중대 기독학생회
경배와찬양

주님 의 이름은- 참- 견고한망-대 의
로 운- 자들모-여 서기뻐해 주님 의 이름은- -참
견고 한망-대주 누 의-인의피-난 처 주님
처 승리로 전 진 하 리-라-
원 수-를모 두-다 이기고 지옥의 문 에
차 넣어버리리오 주 님-의강 한군
대 오 주님-의강 한군 대

Steadily
Reuben Morgan
경배와 찬양

주를 높- 이기 ---- 원 합 니
내안 의- 모든 -것-- 찬 양 하
다 온 마음- 다해 --- 경배하 리
네 오 직주- 님만 --- -높이 리
1. -
2. -
나의 맘과영혼 - 다주께드-려 -- 주
위 해 살 리라 나 의 모든호- 흡
- 삶의모 든순-간에 -- 주
뜻 이 루 소 서 -

169
주를 높이기 원합니다

사랑하는 자들아 우리가 지금은 하나님의 자녀라 장래에 어떻게
될지는 아직 나타나지 아니하였으나 그가 나타나시면
우리가 그와 같을 줄을 아는 것은 그의 참모습
그대로 볼 것이기 때문이니 주를 향하여 이 소망을
가진 자마다 그의 깨끗하심과 같이 자기를 깨끗하게 하느니라

요1 (3 : 2 ~ 3)

170
죽임을 당하신 어린양이

예수전도단 박윤호

죽임을 당하신 어 - 린 양 이
능력 과 -부- 를 받으소 서 -
지혜 와 -힘- 을 받으소 서
존귀 와 -영광 을
찬송 을 받으소 서
고난 의 -보상 을

171
전능하신 주는 거룩

Craig Musseau
예수전도단

전능하
-신- 주는거 -룩- 위엄에 -찬- 주의
능력- 사망권 -세- 이기시 -고- 부활하
-신- -승리- 의 -주- 할--렐
루 - 야 기 - 뻐하 리
할 --렐 루 -야 기 - 뻐하 리 (전능하)

172
내가 여호와를

정종원

내가여호와를 기다리고- 기다렸-더니- -
나의 부르짖음 을들으사- 응 답하셨도다 -
나를기가막힐웅덩이와- 수렁에서끌어 올리시고-
나의 발을반석 위에두사- 견고케하셨도 다
새노래우리 하나님께- 올릴 찬송을 내입에주셨으
니 많은사- 람이 두려워하여- 여호와를- 의지
하리로다- 내가여호와를 기다리고
기다렸-더니- - 나의 부르 짖음
을들으사- 응답 하셨도다 -

173
의인은 그 믿음으로

함 2:3,4
이명남
정 한때가있나 니 -그 종말이- -속히
그의마음은교 만하며- 정직 하지않
이르겠고 - 거짓되지아니 하리라-
네 그러나 의인은 -그 믿음으로-살 리 오직
지체 되지않으 리 비록더딜 찌라도
의인은 -그믿음으 로 오직 의인은 -그 믿음으로-살
- - -기 다 리라- -정녕 응하리라-
리 오직 의인은 -그 믿음으 로

174
오 주님나라 임하리

Graham Kendrick
인터콥
오 - - - - - - - 주님나라임하리
-이-다- 주님나라임하리 악
-여-라-
-리-라- 죤온
오 - - - - - - 주님나라임하 리
에 서승-리 하 -셨-네 주님나라임하 리
귀 와영-광능 -력- - -
세 상에-전 파 -하 라-
1. 주 이름거-룩 하 -도-다-
2. 호 흡이있-는 자 -들-아-
3. 민 족과열-방 나 -아-와-
영 광 이주-께-있 -도-다-
구 원 이주-께-있 -도-다-
땅 끝 까지-이 르 -도-다-
주님나라임하 리 그 뜻 이이 -뤄-지
주 이 름찬-양-하
주 의 이름-부-르
주 님 나라임하 리

175
영광 주님께 영광

Bob Fitts
예수전도단, 샬롬선교회
영 광주님 께영 광   주님께영광돌리
세-   영 광주님께영 광 - 전능하신 하나
님   전능하신 하나 님
바 다로 나가는   자도
Fine
섬에서사는자 들도   도 시 에사는
자들   소리쳐 찬양하 라
새 노래를 주님 - 께   모 든 사람이
들 도 록 크 게 -   온 세상 나 라들
- 아   주님을 찬 양하 라

176
내 아버지의 집

내아버지의집에 -   나 - 영 - 원히 -
거 - 하리 -   아름다운주의영 광
생 명이흐 르는 곳   내영혼의한소망
- 내 - 주 - 안에 -   거하는것 -
나의기쁨 오 - 나의만족 -   오직주안에 - 있
네   1. 주 만 사랑 합 니 다
          2. 주 만 경배 합 니 다
주만사랑 합 니 다   오 직주만
주만경배 합 니 다   내 평생에
내 사랑   오직내사 랑
주 님만   주만섬기 리

177
내 슬픔 변해

예수전도단

내슬픔변-해 기쁨 의춤-추리 주

는 나-의기쁨 주찬양하-리 기쁨

의 성령임하리 상한

맘 고치-시-며- 치 유 가되-신-주

- 고통 받는자-에-게- 위로

의 주되-시-네- 주의큰 사 랑임-할-때

- 어둠-떠 나 고- 나눈주

의 영광-보-네- 새벽 별 같이-

빛 난 기쁨 주의 노눈 - 잠시

지 나-가-나 - 주의 사 랑내삶-에

- 영원 하 리라 주 찬양하리

178
할렐루 할렐루야

시 113:1
♩=60

김응래 (MOG 7000)

1.할 렐루 할렐 루 야 할 렐루- 야
2.임 -하 -소 서 - 임 하옵소 서

할 렐루 할렐 루 야 할 렐루- 야 영
임 -하 -소 서 - 임 하옵소 서 영

원 하신 주 -만 왕 의왕이- 여 전
능 하신 주 -영 광 의하나 님

할 렐루 할렐 루 야할렐 루 야찬 양

할 렐루 할렐 루 야할렐 루 야찬- 양

179
왕께 찬양

Debbye Graafsma
예수전도단

왕께찬양 의로다스리네 보좌에앉으신

주님께영광 존귀 하신주 영광을돌리네

거룩거-룩 귀하신나의주님 귀하신나의주님

180
마지막 날에

예수전도단 이 천

마 지-막- 날- -에-
내.-가- 나의 -영-으 로
모 -든- 백 성에 -게-
부 -어- 주 리 라 -
자녀들 은 예 언할 것이요 청년들 은
환 -상을보고 아비들 은 꿈 을꾸 -리라
주의영이임하 -면- 성 령
- 이 여 - 임
- 하 소 서 - 성 령
- 이 여 - 우리 에 게
임 하 소 서 -

181
아버지 품안에

예수전도단 이 천

아 버지- -품안 에 - 내
영혼- -평안 해 -
아 버지- -품안 에 - 나의
영 -혼-이- 안 기어 - -있 네
- 그의 부 드러-운-두 -팔로 -내
등을감 -싸-주 -시니 나의 모든아-픔-
사 -라-지-네 - - 그의
가 슴에-기-대 -일때 나는 아 버지-의-
사 랑이 -되-네 - - 가 -장귀
- 한 -

182

들어 주소서

Don Harris
예수전도단

들어-주 소서 - 내게 주 얼굴- 보
이소-서- 나의-마음에 - 주의
사랑긍-훌 베 푸소서- 그 진-리-나
에게-도- 강 같은사랑- 넘치 -도록-
내눈-을- 보게 하소-서- 주 의힘 으로- 이땅

- 고치 소서 -
Fine
- 고치 소서 -
고치 소서 - 고치 소서 -
고치 소서 -

183

하늘이 선포하고

조 혜진 작사
윤 제상 작곡

하늘 이선포 하고- 궁창 이 나 타내네- 날은
함을입 우자- 그- 음 성을듣는 자- 이제
날에게 - 밤은밤에게전하네- 들리 는 소리없고- 보이
일어나- 그이름선 -포하라- 주의 영광을위하여- 그의
눈 말은 없- 어-도-그 말 씀-이 세계 - 끝까 지
창 조를 입은 자-여 -일 어 나-그 이름 선 포하 라

- 구속 - 외치세 - 주 여 호와- 외치세
- 우리창죠 자- 모든생 - 명 능 력구-원을주신 주
- 우리왕 외치 세 - 전 능 의왕- 외치세
- 우리의구주- 모든찬 - 양과영광능 -력을주님께 -

184
이 땅 위에 오신

Larry Hampton

이 땅 위에-오신 - 하 나 님의-본체
우 리 고대-하네 - 주 님 오실-그날
- 십 자가-에 달 - 리사 우리
- 다 시 사신-왕의 - 영광 -이
죄 사하-셨네 - 하 나 님이-그를
땅 을비-추네 - 사 단 의권-세는
- - 지 극히-높여 - 모 든 이름- 위에
- 주 앞 에무-너져 - 생 명과진- 리의
- 뛰어-난 이 름을-주사 - 우리
- 주 권-세 가 장높-도다 - 우리
예수이름 앞 에절하 고
모든 입이 주를 시인 해-
영광중에 오실주를 보 리 라
선 포 - 해 - 왕

께 만 세 준 귀 와
위 엄-을 찬 양 해 왕
의 왕 께 만 세 주 - 예 -
수 하 나 님 - 우 -

185
무거운 짐진자들아

예수전도단 이 천

무거운- 짐진 자들아 다 나에게로 오 라
오 주님- 당신 품 안에 내영혼이힘 을 얻고
내가널- 내품 안 에서 편히쉬게하리 라 (주가)
새로운- 맘과 몸 으로 세상바라봅니 다
나 와함께계- 시 오니 내가 누굴 두려워하리 요 주가
나 와함께계- 시 오니 내가 무얼 두려워하리 요

186
전신갑주

예수전도단 이 천
하나님 아 버 지와- 내자 신을 바로 바라보고
늪에보 이 지않는- 어둠 의영 들의속임들을
두려 - 움과- 정쇠 - 감을 버- 리네
능히 - 대적- 하기 - 위해깨어있네
악한
날 주님께서 - 찾아 쓰시 는 백성
전신갑주 를 입 네 담대히서 서
진 리의 허리띠를- 띠고의 의 흉배
가슴에붙- 이고 복 음의 예비된신 -을 신고
믿음의 방- 패- 구 원 -의투- 구
성 령 의 검
주의 말씀 을 가 지 라

187
보라 새 일을

이길로
보 라 새 일을 - 행하시리니 -
이 제 -곧 나 -타 내리라 -
주 를 위하여 - 지으 신백성 -
주 의- 찬 송 - 부르 게되 -리 -
광 야 의 물솟 - 아 나리라 - -
사 막 에꽃피 - 어나리
이전일 들을 - 너희는 기 억지 말며 -
옛적일 들은 - 생각지도말 -라- -

188
일어나라 주의 백성

예수전도단 이 천

일어 나라 - 주 - 의 - 백 - 성 - 빛을 발 - 하라
- 일어나라 - 빛을 - 발 하라 -
- 주가 너의 - 영 - 광 - 으 - 로 -
만백성이 - 너의 - 빛 - 을 - 보 - 고 -
임 하시 리라 - 온 세상이 - 어
사방에서나아오네 - 일어나라 - 빛을
나오리라
- 둠 - 속 - 에 - 헤 - 매고 - 있지만 -
발 하라 - 만백성이 - 자유 - 함
주가너와 - 함 - 께 - 계 - 셔 - 회 - 복을 명하리라
- 을 - 얻 - 어 - 기 뻐 하는도다 -
하리로다 -

189
소망의 하나님

예수전도단 이 천

소망의 하나님의 놀라우 신 계획
께 영 광 을 주님 께
열 방이 하나 되어 찬송케 하시는
영 광 을 모 - - 든
모든기 쁨과 평강 우리에 게 주사
감 - 사와 찬 - 양 세 - - 세
주의 나라 이뤄가 시 는 - 주님
무궁 토록 주 - 께 있 네 -

190
주님의 말씀 위에

191
내 한가지 소원

예수전도단 이 천
이원미사
정구상 곡

주 님의- 말-씀위 -에- 내생 이 시작- 됐
네 온 전한- 주-님의 -법-
지금까-지-날 인 도하-셨네- 주님께-서 나에게-
명 령하 -신것- 우 둔한- 눈을- 밝혔네 -
친 히내-게 은 혜로- 가 르쳐- 주 신- 것 -
진정한기 쁨-을 - 알 게하- 셨네 -
(알게하 -셨네-) - 금 곧 많은정-금 보
- 다- 내가 - 더욱사-모한 - 하나
님 의말- 씀을- 내가 갈 망하-나이 - 다-
목마른사 슴처럼 - 금 주만-
바 라 나 이 다 -

이 세 상의 그 무 엇으로- 내
직주 님이 채 워 주시는- 의
이갈 수록 더 해 만가는- 허
게 만족 함을- 주 나 잠 시스 치고
와 신 령한것- 들 이 내 영 혼에
상 그리고죽-음 뿐 변 해만가는
지 나가는 - 그 림 자와같은삶 - 오
참됨의미-
세상에서-
또한기쁨되나니 - 내가구 하는 것은단하나-주
단하나의영원함 -
님계신- 나라 들어 갈수있- 는 정결함-이
며 내영혼 온 전 한빛이되어- 날
마 다주-님을 깊이 체 험하- 며 만나는- 그
것 내한가지- 소 원 날 원
D.S.

192
나는 주를 작게 보았네

Lynn DeShazo
예수전도단
중대기독학생회

1.나는 주를 작게 - 보았네 - - 용서
2.사람 들을 의지 - 했던 나 - - 용서
- 하소 서 - 나를 - 도울수 - 없다는
- 하소 서 - 주의 - 자비와 - 빛보다
- - 거짓 - 말을믿 - 고있었 - 네 - 이제
- - 사람 - 들에게 - 의지했 - 네 - 이제
- 내잘 - 못알 - 았 네 - - 내마음 치료 - 하소서
- 내잘 - 못알 - 았 네 - - 주능력 보여 - 주소서 -
나의눈과 노래 - 안 에 광 - - 대 하 신 - 주님
- - 광 - - 대하신 - 주님 - - 광 대 하신 - 주 님
- 주는높이 들리 - 리 - 능치못할일 없
- 으 리 - 내눈 - 주바 - 라보리 - 광 -
대 하신 - - 광 - - 대하 신 - 주님 -

193
주께 가까이

최덕신
주 께가 - 까이 - 더욱가 - 까이 -
가 기원 - 해 요 - 내마음 - -
주 님의 - 모습 - 그 아름다 - 운 모 - 습 -
닮 기원 - 해 요 - 나 - 의 - - 소
망 내 맘다 - 하 여 - 내
힘 을다 - 하여 - 주 님을 - 사 랑 합 - 니
다 워 - - - 나 의평 - 생 에 - 주
님만을섬 - 기 며 - 주 와 함께 -
거 하기 - 원 해요 - - -

194
모든 열방 주 볼 때까지

고형원
내 눈 주의 영광을 보네
우 리 가운데 계신 주 님 그 빛난 영광
온 하늘덮고 그 찬송 온 땅 가득 해 내
눈 주의 영광을 보네 찬송 가운데 서신 주
님 주 님의 얼굴은 온 세상 향하네
권능의 필을 드셨 네 주의 영광 이곳에 가득
해 우린 서네 주님과 함께 찬양하
며 우리는 전진 하리 모든 열 방 주 볼 때 까
지 하늘 아버지 우릴 새롭게 하사 열방
중 에서 주를 섬기게 하소서 모든
나라 일어나 찬송 부르며 영광의
주 님을 보게 하 소 서 주의

195
믿음의 형제들이여

Martin Smith
인터콥
1. 믿음 의 형제들이 여 일어 나 주 찬 양
2. 진리 의 자매들이 여 일어 나 빛 발 하
3. 그리 스 도 의 교회 여 일어 나 다스 리
하라 위대 하 신 영광의 왕 너의 힘 이 되 시
여라 치유의 능력 되 신 사랑의 왕 전 하
라 전능 하 신 만왕의 왕 영광을 선 포 하
리라
여라 Shout to the North and the South
라
Sing to the East and the West 예 수 구원 의 주
하늘과 땅의 주 오 하늘과 땅의 주

196
강한 용사 높여 드리네

Robert Gay
샬롬선교회

강한 용사- 높여드 리네- 우 리의- 찬양- 타고
일 -어나네 강한 용 사- 전쟁을 위 하여-
주 의불- 로무- 장시키소서- 강 한 용사- 높여드
리네- 우 리의- 찬양- 타고 일 -어나 네 강한
용사- 전쟁을 위하여- 주 의불- 로무- 장시키소서
주 님의- 군--대- 보 좌앞- 에와
당 신의- 명령- 들으 며 유 다의- 사자- 크
게 소리-치 니 - 승 리의때- 가 가 까이왔
네-- 강한 나눈절대로 후퇴않으리-
내안에-강한용-사 함-께계시니- 나 눈절대로
뺏기지않아--- 예수나의강한용- 사 -
함 -께 계 시네- 함- 께 계 시네-
함 -께계시네- 내 안 에 - 강한

197
보좌에 계신 주를

하상욱

보좌에- 계 신 주-를 내앞에- 모 심-이-여
주밖에- 다른 복 없-네 주 밖에- 없- 네
주 의영광을 내게- 내 게보 이 소서-
주님자신을 나에게 보여주소 서

198
목자

전영훈
여호와는 나 의목자시니 내게부족없
해를 두려워하지 않-음은 주 가계심이
네 그가나 를 푸-른 풀밭으로 누이
라 나의평생에 선-하심과
시며 쉴만한 물가으로 인도하시 네
주의인자하 심이 나의 평 생에 나-를
나의영혼을 소 생시키시며
따르리니 내가여호와-집 에
주의이름위 해 의의길 로 인도하 시는도 다
영원토록 거하리라 주 는 내목
인도하시 네 내가사망의
자 -
음 침한골짜기로 - 다닐지 라도 -

서로 돌아보아 사랑과 선행을 격려하며 모이기를 폐하는
어떤 사람들의 습관과 같이 하지 말고 오직
권하여 그 날이 가까움을
볼수록 더욱 그리하자

히 (10 : 24 - 25)

199
우리는 여호수아 세대이니
Robert Gay
샬롬 선교회
우리는여-호수아 세대이니 주의명령-을 듣고
일 어나 주의갑옷-을 갑옷 준 비하-여 이
땅을 구속-하고 취-하리 취-하 리 -
시 온은-찬양 -을 들으-리니 - - 주의
깃 발은-높이 -들 리우 며 - 강하
고 용감-한 나 -라- -군 대 가 일-어나
- 하나 님 앞에-영 으 -로-
찬 양과-경 배 - 드 리 네 -

200
God is able
Bob Fitts
전 능하신-주 님 늘 채 우 시 -네 - - -
전 능하신-주 님 은혜 주 시
- 네- - - 어떤일 이 나-
어느 때 나- 넘 쳐 나
도 록- - 필요채우-시 네
- 넘쳐-나 리 주 의선-하심 나
의 필요 채 우-시 네 나 의 선
한 일-들 넘치-도 록 -

내가 너희에게 분부한 모든 것을 가르쳐 지키게 하라
볼지어다 내가 세상 끝날까지 너희와
항상 함께 있으리라 하시니라
마 (28 : 20)

201
주님 이곳에 임하소서

이유정
주님 이곳에- 임 하 소서- 주의
영 광이- 가득하게 하 소서- 내가 주께엎드려 그
얼 굴구하며- 두 손들-고 경배합니- 다
상한영혼을 고 쳐 주-시고- 갈
급 한내심령을새롭- -게 - 하소- -서- 십
자가보혈이곳에- 강 같이흘러넘치네 모든
죄 에서- 나는승리 하 리라 - - - 주
님 의영광이곳에- 내 삶을다스리시네 주의
거 룩한- 백 성만드소 - 서-

202
내 마음에 임하소서

Eric Nuzum &
Chris Springer
경배와 찬양
내 마 음 -에- (내 마 음
-에-)임 하 소 - 서 -(임 하 소
-서-)나 주 없- 이 - 는 - (나주없-이
- 는 -)살수가없 -네- 주님만 사 모합- 니다
- 사 모합- 니-다 - 나를
떠 나가지마시고 열 정으 로- 채워주소서-주님만
사 모합- 니-다 - 사 모합- 니다 -

203
주님의 이름 듣고

Martin F. Ball &
Mike Godward
경배와 찬양

203 주님의 이름 듣고

주 님의이름 듣고 - 주 앞에
경 외함으로나서 - 있-네
놀 라운능력으로 - 행하신
일 보며서-있네 - 우리 - 의세대
에 새일-행하소 서
- 주의진 - 노중-에 라 -도 긍휼을
- 베푸-사 - 우리 - 의세대 에
새일-행 하소 서 - 우리구
-할때- - 새일-행하소 서 -

204 창조주 여호와

Stephen Hah
경배와 찬양

창 - 조주여호 와 나를
나의이름을 지명
조성하 셨네 우리를 지으신 - 전능한
하여부르 사 날구속 했으니 - 나이제
하나님 - 구원의 주 - 그가
주의것 - 이 라 -
두 려워 말라 - 주 함 께하 리라
- 주 는나 의 하 나님이 라
- 주 는너 의 하 나님이 라
- 나 는주의 택 함받은
- 너 는주의 택 함받은
증 인이 라 주 같-은 분
증 인이 라
전혀없 네 - 하나 님

204
창조주 여호와

205
주의 용사여 모두 일어나

Stephen Hah
경배와 찬양

주의 용사여 모두일 어나 주님 오
심을 선포하라 - 선포하라 - - 생명의
말씀 함께전 하 며 주님의 나 라 예비하라
1. 주 님 오 실때 - 세
2. 열 두 사 도 와 - 삼
상 나라들은 - 그 발 앞 에
백 용사들과 - 구 별 된
무 너 지 리라 - 주
칠 천 인 처럼 - 생
의 영광이 - 온 땅 가득함
명 바 쳐서 - 주 를 선포하
을 생 명 있 는자 - 는 보게되리
라 주 예 수 님승 - 리 주시리라
- 일 어 나 라

주님의 강 한 용 사들아 - 일
어 나 라 순결한 주 의 신 부들아
- - 일 어나 라

206
너희를 향한

이사우

나 여호와가 - 말 하 노라 -
너 희를 향한 - 나의생 각은 -
내 가아 -나 니 - 재 앙 이아 -니 라
- 곧 평 안이 - -요 너희 장 래에 - 소
망을주 - 려 하 는 - 생 각 이라 -

207
지금은 엘리야 때처럼

Robin Mark
경배와 찬양

♩=95

1. 지 금 은 엘 리 야 때 처 럼 - 주
(2.) 에 스 - 겔 의 환 상 처 럼 - 마

말 씀 - 이 선 - 포 되 고 - 또
른 뼈 - 가 살 - 아 나 며 - 또

주 의 - 종 모 세 의 때 와 - 같 이 -
주 의 - 종 다 윗 의 때 와 - 같 이 -

언 약 - 이 성 취 - 되 네 비 록
예 배 - 가 회 복 - 되 네

전 쟁 - 과 기 근 - 과 핍 박 - 환
추 수 - 할 때 가 - 이 르 러 - 들

난 날 - 이 다 가 - 와 - 도 - 우
판 - - 우 희 어 - 졌 - 네 -

리 눈 - 광 야 의 외 치 눈 - 소 리 - 주
우 리 - 눈 추 수 할 일 꾼 - 되 어 - 주

의 길 을 예 - - 비 하 라 - 보 라 주 -
말 씀 을 선 - - 포 하 리 - 보 라 주 -

님 구름 타시고 - 나 팔 불 때 에
- 다 시 오 - 시 네 모 두 외 치 -
세 이 눈 은 혜 의 해 니 - 시 온 에 서 구 원 이 임 하
네
2. 또 네

208
내 영혼이 주를 따르리

Jeffrey Smith
예수전도단

내 영혼이 주를 따르리 - 이른 아침 일 - 어 나 서
주를 바라보리 주님은 나의 도움 되시네
주님의 날 - 개 아 래 - 서 나는 기 뻐 하 리
내 뻐 하 리 기 뻐 하 리

209
찬양 받기에 합당하신 주님

210
왕되신 주 앞에 경배드리세

Shannon Fiogal Wexelberg
경배와 찬양
찬양받기 -에- 합당하신 - 주님-
- 주 임재속 -에- 나가하기
원 합-니 다 - 나의 맘 깊은-곳 에
-서 주 사 모합-니 다 - 오
직 주님-만 경 배합-니 다 -
위대 하신 - 주하나님 -----
- 전 능의왕-이요 - 다스
리 시는-주 님 -위 대 하신 -
주 하 나님 ------ 내
마음의-찬양 -드 립-니 다 -

James Anderson
경배와 찬양
With Strength
왕 되신-주 앞 에-
경 배드-리 세 목 소리-를
높 여서 찬 양드-리- 세
우 리의 주 하 나님- 높 임을 받
으 소서- 주의 구 원을 사모 하는
자 --들아 하 나 님-높 이 라
라 할렐 루 --야 - 할렐
루 --야 - 주의 구 원을사모 하는
자 --들아 하 나 님-높 이
라 우리 하나 님을높 -이라 -

211
참 사랑의 예수

이 명남

하나 님 아들되 신 예수 자기 땅에 오셨지
님 찾는자 없었네 오직 주 만 대적할

만 사람 들은 외 면했 네 자기
뿐 자기 들 만옳 다하 네 죄악

주인 되신 주님 을 하나
중에 헤매 면서 도

인 간의 육신이 되 시사- 낮고 천한 우리위해희생
머 리에 가시관 씌 우고- 손과 발에는- 굵은 못을

하 신주- 우 리는 그분을 멸시 하며-
박 았네- 우 리는 그분을 모 - 른채-

조 롱 하였-다 네 네가 하나님아
십 자 가에죽였 네

들 맞다면- 십 자가에 서 내려오라-

지 금도 주님을 부인하며 외쳐 대는 무리 의함-성

- 주 님의 사랑은 지 금도- 모든
주 님은 가까이 계셔서- 우리

사람 회개하고오길 바 라네- 주 님을 마음에
마음 문을두드리고 계시네- 애 타게 우리를

영접하길- 항상기다 리 네
부르시는- 참사랑의예 수

212
깨어라 어둔 네 무덤에서

Graham Kendrick
인터콥

깨어라어둠 네 무덤에서- 주영광비추시네

- 주영광비추네 -

1. 보 라어두움땅을
2. 어둠의자녀로행
3. 참포도나무의가
4. 악한이세대를분

- 뒤덮고- 만민을가리우나 주님의영광네게
- 했으나- 빛가운데나오라 빛의자녀로걸어
- 지되어- 빛의열매구하라 주의기쁨충만하
- 별하고- 지혜를간구하라 오직주의뜻따르

- 임할때- 주의 빛 받하리라 -
- 나갈때-
- 게될때-
- 게될때-

D.C.

213
나 주의 것

Brian Doerksen
예수전도단

214
왕 되신 주

Brian Doerksen
유지연/Fisher Music

나주의것 - 주 내 안에 - 영원
- 히 함께하리라 우리 맘에 - 주의 사랑
- 영원 - 히 함께하리라 영원
- 히 함께하 리라 -
- 더 - 눈물 없네
- - 우리 눈 에 더 - 두려움 없네
- 주님 - 과함 - 께해 - 주님
- 과함 - 께해 -
주 경배 - 해 주를 경 - 배 - 해
- 영원 - 히 -

주를 사 - - 랑 사 - - 랑 예 - 수 사랑 -
해 - - 요 사 - - 랑 예 수 나의 왕 -
주 나 - 의 왕 사랑 해 - - 요
주 나 - 의 왕 경배 해 - 요
주께 무릎 - 꿇고 - 나의 삶을 - - 기 뻐 드 리
네 주 나 - 의 네 - - 나의 꿈과 - 소망 -
주님 손에 - 나 모 두 드 리 - 리 - 주를 사 - - 랑
사 - - 랑 예 - - 수 사랑 - 해 - - 요 사 - - 랑
예 - - 수 나의 왕 주 나 - 의

repeat as need as for adlib

215
사랑해요 그 은혜와 자비

Rick Founds
샬롬선교회
사랑해요 그 은혜와자 -비
주날-개 밑 -내영-혼의 -피 난-처니
주의도 우심 -사랑- 해요 -
주 계신-곳 에 -더 가-까이
사 랑 해요 그 진- 리와 - 주의-능력
주나 -의힘 주여-호 와 -나 의-왕이 라
그러나 -주 의-임 재- -더 사-랑해-
주의 뜻-대 로 -나 따-르리 -
주님겹- 으로 - 날 이끄-소서 -
나의참- 소망 - 그 무엇-과도 -
내모 두것- 다드 - 리며 -
바꿀 수없- 는주 - 사랑 -
주을 성든- 기원 - 하네 -
그 품 안에- 나안 - 기리 -

216
주님 곁으로 날 이끄소서

Kelly Carpenter
경배와 찬양
주님의-길로 - 인도하-소서 -
주님- 만이 - 내모- 든것 - 되시-니-
주님- 만을 - 더알게하 소서 -

217
하늘 위에 주님 밖에

Eugene Greco
샬롬선교회
하늘위에주 -님 밖에 - 내가
사모할자 이세상 -에 없-네 -
내맘과힘 은 믿 을수-없네 -
오직한가 지 그 진 리를-믿네 주는나의
- -힘이요 - 주는나의 - -힘이요
- 주는나의 - -힘이요 -영 원히 -주를
의 지 - -하리 - 주는나의 - 영원 - -히

218
부흥의 그날

예수전도단 하상욱
예-비 하 -라- 주의 부흥의-그 -날
을 권능 의 하나 -님- 크신
능 력으- 로 -임하리니 - 의 하나
-님- 크신 능 력으- 로 -임하리니 - 일어
나 -라 주의 용 사여- 일어 나 -라 주의
용 사여- 영광 의 그날 에
모든 민족이- 주를 경 배하리 -라 -

219
할렐루 할렐루 할렐루

할렐 루 할렐루 할렐루할렐루야 주 찬양해 할렐
루 할렐루 할렐 루 할렐루야 주 찬양해

주 찬양해할렐루야 주 찬양 해 할렐루 야
주 찬양 해할렐루 야 주 찬양해

220
은혜

김원철

1. 하나 님이세상-을- - 사랑하사-
2. 내가아직- 죄인 되었을때-

독생자주-셨으니 - - - 이는저를- 믿
날 사랑하-셨으니 - - - 하나님의-

눈자마다-영생을 얻게하려-함이라 - 나-
크신은혜-나에게 넘치게하려함이라 -

의 의로-움- 아무 것없지만- 오 직 예수의

이름 으로 - 놀라우신-

주 의은혜- 나를 향한그사-랑가

득 넘치네- 오 놀라우신- 주님의그-은 혜

- 영원히넘치는 - 주님의은혜 -

221
대저 물이 바다덮음같이

예수전도단 하상욱
이길승

1. 구원 하심이- 보좌에 앉으신- 우리
2. 부어 주소서- 주님의 성-령- 오-

하나님-과-어린양 께 구원 하심이- 보좌에
세계위-에-부으소 서 부어 주소서- 주님의

앉으신- 우리 하나님-과어린양 께
성-령- 주의 영-광-이온땅위 에

Fine

대저물이바다- -를- 덮음같-이 여호와의영광-

- 을 -인정하는것-이 대저물이바다- -를- 덮음같-이

온 세상-에 가득하-리 -라 -

D.C.

222
모든 능력과 모든 권세

Lenny LeBlanc &
Paul Baloche
경배와 찬양
모든능 - 력 - 과 모든권 - - 세 - 모든것 -
위 - 에뛰어 - 나신 - 주 님 세상이
측 량 - 할수 - 없는 - 지혜 - - - 로
모 든만 - 물창 - 조하 - 셨네 - 모든나 -
라 - 와 모든보 - - 좌 - 이세상 -
모 - 든 경이 - 로움 - 보다 - 이세상
모 든 - 값진 - 보물 - 보다 - - - -
더 욱귀 - 하신 - 나의 - 주님 -
십 - - 자가 - 고 통당 - - 하사 - 버
림 받고 - 외 면당 하 - - 셨네 - 짓 밟힌
장미꽃 - - 처럼 - - - - 나를 - 위해
- 죽으 셨네 - 나의 - 주

223
일어나 빛을 발하라

예수전도단 하상욱
일어나라빛을발 - 하 라 이는 네빛이 - 이르 렀고
- 여호와의영 - 광 - 이 네위에
임 하였음이 라 보라 어 두움 - 이땅을덮 - 을
것이며 - 캄 캄함 - 이 만민을 - 가
리 우나 - 오 - 직 여 호와 의
영 광이 - 네위에임 하리 니
Fine
D.C.

224
주는 토기장이

곽상엽

주 는 토기장이-시 며 우린 그의손이 -빚으신
그릇이니- 다 주의거룩-하신 이름앞에- 모두
나와경배-를드리 -세- 주는 만왕의왕만유-의
주 홀로 살아계신-우리의 창조주하 -나님
태초부터-우릴 택하셨네- 주의 백성삼 으셨
-네- 모두 함께주의이름-기 뻐 찬양해-강한
주의영이우 -리안에 거하시네-오 주의
이름앞에모-두나와경 배드 -리며 주의이름 -찬양
해 모두 주의이름 -찬양 해

225
그날까지

Author unknown
김미정

1. 주 님을따라-- 가기엔내 믿음 약하--
2. 우 리의모든-- 싸움은혈 과육 이아--
나 늘 기도하며 주님의발 자취따르
닌 죄 속에빠진 주님의자 녀를위한
네 죄 악에물든-- 세 상은날
것 주 님이약속-- 하 셨네이
넘 어뜨려-- 도 온 전히주 께
모 든싸움-- 은 주 사랑하 는
맡 기면늘 승리하리 라   아
자 녀들늘 승리하리 라   거
Fine
멘 간- 절히구하면 - 주 께서어려움
룩 주- 께서우 리를 - 자 유케했- 네
1. 모두 이 기-게 해
1. 내모든
2. 죄-에 서

226
중보기도

예수전도단 이천

부 흥 변 화 온 땅을주-님-께
랑 평 화 새-롭-게

-계획 - 우 리 입을통해-선

- - - 주 의 청 년 -일어나 -
-포된 주님-의 -말씀 - 청-년-이-

- 중 보 기 도 성 령님인-도-따
- 영 의 전 쟁 능-력-으

여 주님 과 함께 온세 상을 모두

-라- 모 두 하 나 -가되어 -
-로- 주 의 나 라 -임하리 -

바 꾸 세 -

- - - - 사 -

보이-지 -않-는- 세계-속 -에서
주님-앞 -에-서- 말씀-을 -듣고

우리-싸-움-은- 시 작 되 네
우리-싸-움-을- 시 작 하 네

- 온 세상을향한- 놀 -라운 주님-의

너희 관용을 모든 사람에게
알게하라 주께서 가까우시니라
아무것도 염려하지 말고
다만 모든 일에 기도와 간구로,
너희 구할 것을 감사함으로
하나님께 아뢰라

빌 (4:5-6)

227
새 영을 부어주소서

♩ = 118
김응래 (MOG 7000)
1.새 영을 - 부어 주 - 소서 나 의 하나 -
의 주 - 님 - 불밝 히 소서 성령 - 의
2.
Esus
님 내 영 을 - 새롭게 하 - 소서 나
불을 - 내 삶 을 환히 비추 - 소 서 강하
이땅
의 하나 님 나 - 의 아버 지
고 급한 성령 - 의 바람 - 내 삶 에 불어오소서
- 성령 을 - 부어 주 - 소서 나 의 하나 -
- 주 님 불밝 히 소서 성령 - 의
님 내 삶 을 - 새롭게 하 - 소서 나
불을 - 의의 빛 환히 비추 - 소 서 강하
이땅
의 하나 님 나 - 의 아버 지 나 -
고 급한 성령 - 의 바람 - 내 삶 에 불어 오소
이땅
서 - - 내 삶 에 불어 오소 서
이땅

만일 누구든지 주를 사랑하지
아니하면 저주를
받을지어다
우리 주여
오시옵소서
고전 (16 : 22)

228

송축하라 하나님

예수전도단 이 천
송축-하라 - 하나 님 -
이 하셨 네 -영원-토 록
송축-하라 - 하나 님 -모
나 의힘-이 되 신 - 주
든 -죄 를 사하 시고- -모
의 -이 름- - -송축하 -라-
든 -병 을 고치 셨네- -나
-영원-토 록 나 의힘-이 되
의 -생 명 구속 하시고- -나
신 - 주 의 -이 름- - -존 귀 하
의 -소 원 좋은 것으로 만족케하사
-신- 여호-와 하나 님
- 내 청 춘 을 독 -수 리 같

볼지어다 그가 구름을 타고 오시리라 각 사람의 눈이 그를 보겠고
그를 찌른 자들도 볼 것이요 땅에 있는 모든 족속이
그로 말미암아 애곡하리니 그러하리라 아멘

계 (1 : 7)

229
구하라

예수전도단 이 천
하나 님의- 꿈을 가 지고서- -새
벽을깨우는- 주님 의 자녀들- 경배 드 리며- 자신
을 드리는- 주의영으로--충 만한우리에게--
잃어버린- 주의 백성의- 아 픔들-을- 보이
시며 가슴속에- 주의 사 -랑을-
부 어주-시네- 그리고말씀하-시 네
- 구 -하라 열방을 네게 주 리라-
열방을너의 유업이- -되게하 리라- 네소
유 가 땅끝까-지이르 리라- 유 가 땅끝까-지이르
리라 네게구 하 라 -
내가너와함께 하니- 담대하게나
가라- 내가너에게주 노니- -눈
을 들어- -열 방을 보아-라 -

230
성령 하나님 나를 만지소서

행 2:2,3
♩=70
김응래(MOG 7000)
성령 하 나님 나를 만 지소서 상하
성령 하 나님 이땅 고 치소서 죄악
고 깨어져 지- 친 나를 새롭 게 하소서 성령
의 어둠속 헤매 는 우리 태워 주 -소서 성령
의 바람 시들 은 내영 살리소 서
의 불로 세상 헛 된맘 태우소 서
임 하소 서 성령 하 나 님이시 여 지금
이 곳에- 임하-소 서 바람 처럼 불- 처
럼 성령 이 여- 임하-소 서

231
하늘의 권세 가지사

♩ = 124
Lynn Deshazo
경배와 찬양

1. 하늘 의 권세 가지사 -
2. 의인을 보호 하시고 -

말씀으로 별을 만드신주님
그 걸음을 인도 하시는주님

사람을 지으시고 - 온 땅 이주 - 영 - 광
마음을 녹이시고 - 주 백 성주 - 영 - 광

외치 - 게하시 - 네 - 주님께영

광 경 - 배해 구원 - 의주 - 하 - 나

- 님 주님께영 광 높 - 이세 주가

- 다스 - 리시 - 네 찬양 받기함 - 당 - 하

- 신 - 의로 우신 - 하 - 나 - 님 - 목소

리 높 - 여 - 서 - 주님께영 광

232
주님 계신 곳에 나가리

Dave Billington
샬롬선교회

주님 계신곳 - 에 나 - 가 - 리 찬양드 - 리며

- ㄱ 성소에 - 들 어 - 가 - - - 주의

얼굴뵈 - 오리 - 그 얼굴을 뵈올

- 때 - 주님의 은 혜넘 - 치네 - - - 엎드려

고 백하네 - - - - 주 께 -

주의 위 엄이 - 곳 에 - 가 득

해 - 전능 하신하 - 나 님

- 아 바 아 버 - 지 - 찬양

받기함 - 당한 - 좆 귀하신 - 주 님

- 주의 위 엄이 - 곳 에

- 가 득 - 해 -

233
채워 주소서

Wendy Corrick
한국AGLOW

234
내가 그리스도와 함께

김응래(MOG-7000)

채워주 소 서 주님의생 - 수 - 로
성 령 이 여 오 소 서 - -
먹여주 노 서 주님의양 - 식으로
성 령 이 여 오 소 서 - 주님사 랑
없 으면 난아무것 아 니라 -
새 생 명 주 소 서 - -
새 생 명 주 소 서 - -
새 생 명 주 소 서 - -
내삶을 드 려 영광돌리 - - -리
성 령 이 여 성 령 이 여
성 령 이 여 오 소 서 - -

내가 그리스도와함께 - 십자가에못박혔나
- 니 - 그 런 즉 이제는내가 산
것 이 - 아니 요 오 직 내 안에 -
그리스도께서사신것이 라 이 제
내 가 육체가운 데 사는것 은 나를
사 랑하사 나를위하여 자기 몸을 버리신 하나
님의아들을 믿는 믿음안 에서사는 것이
라 - 오 - 함 렐루야 - - - 할 렐루야
할 렐루 - 야찬 - - 양 오 - 할 렐루야 날
위 해죽으신 십자 가를지신주 찬 양

235
어린양의 흘리신 피로

Jim Cowan
경배와 찬양
어 린 양의흘-리신 피-로- 그
님 경배 합 니-다 나
거룩한곳에-들어가- 전 능 하신여-호와
의 주-- 님 거룩하-신 이-름
앞-에- 나 엎 드려경 배하 네 경배
높 -이 리 거룩하- 신
합 니- 다 나 의 주--
이 -름 높 -이 리

236
온 땅과 하늘의 주

Lucy Fisher
영동제일교회
온 땅과하-늘의-주님 - 부 활하신구-속의-주
의와평-강의-왕 -께 - 영광영-광할-렐루
-님 - 존 귀와영광- 과능-력 -을 -
야--- 위 대하-신주-찬 -양 -
보좌위 어린- 양 -께 - -께 -
1.C 2.C
호산 나천-사들-도찬 -양--
거룩거-룩존-귀하-신-- 어 린양-께영-광
호 산 나천-사들-도찬 - 양---
-을 - 찬 양받-기합-당하 -신-- -
존 귀하- 신어- 린 -양 -

237
호산나 다윗의 자손이여

238
태초에 하나님이

김응래 (MOG 7000)
호 - 산나다윗의자 손이여 호 - 산나찬송 하
리로다 호 - 산나주의 이름으로 오시
는 이시여 이스 라엘의왕이 시
여 호산 나 호산 나 가장
높은 곳에서 호산 나 호산 나 호산
나 가장 높은곳에서-호산 나 여호
와 하나 님 우리 를이 제구원 하소
서 여호 와 하나 님 우리
를 이제구원-하소 서 여호 와 하나
님 우리 를이제구원 - 하소 서 호산

창세기 1:1
김응래 (MOG 7000)
태 초에하나님 이 천지 를 창조하시니 라 모든만물
천 지가진동하 며 하늘 의 별들떨어질 때 흰옷입은
아 - 창조주앞 에 무릎꿇어 라 겸손 히
자 - 어린양잔 치 참여하면
서 외치 리 모든영광 존귀능력
받으 실우리주 하나 님-- 거룩 하신 주 찬양
영원히 살아 - 계신 주 영원히
살아 - 계신 주 아 멘 - 아
멘 - 아 멘 -

239
하늘에는 주께 영광

Rick Founds &
Bill Batstone
경배와 찬양

1. 하늘에는 - 주께영 - 광   땅에는 평 - 화로다
2. 예수우리 - 의구원 - 자   영원히다 - 스리네
- 지 - 전능 - 의 - 왕   경
- 자 - 사랑 - 의 - 주
- 하늘에계 - 신아버 - 지 - 전능 - 의 -
- 생명을주 - 신창조 - 자 - 사랑 - 의 -
왕 -   하늘에는 - 주께영 - 광
주 -   예수우리 - 의구원 - 자
땅에는평 - 화로다 -   하늘에계 - 신아버
영원히다 - 스리네 -   생명을주 - 신창조
배 하며 - 찬양 합니다 - 영 광 의하 - 나님
- 께 경 배하며 - 찬양 합니다 - 영
광 의하 - 나님 - - - - 께

240
예수 예수 나를 구원하신 이름

♩ = 82

김응래 (MOG 7000)

1. 예 - 수 예 - 수 나를 구원하 신 이름
2. 예 - 수 예 - 수 처음 과나중 이신주
길이요 진리요 생명 이신주 님
천 - 지 만물이
그 발아래 있 네 예 수 예 수죽음
에 서 부활승천 하 신주 - 예 수 예 수
다 시오실 왕 천 지 만물아
주 를 찬양 하 라

241
너희를 향한 나의 생각

242
우리는 주의 용사요

예수전도단 하상욱

너희를향한나의 생각은   재앙이아니요 - 곧
평안 이니 너희장래에 - 소 망을 - 주려 하는
생 각이 라   하나님이 - 우리
에 게 - 주신것은 - 두려워하는마음 - 아 니요
오 직능 력 과 사랑   굳신하는마음이니
- 두려 워 말라 내가 너와함께함이라 놀라
지 말라 나는 네하나님 됨이라 - 내가
너를 굳 세게 하리라 -   참
으로 너를 도와 주리라 - 참으 로 나의 의로운
- 오른손 - 으로 너 를붙 들 리 라 -

Robert Gray
샬롬 선교회
D/F#

우 리는주 - 의 - 용 사 요 -
전진 하 - 는 - 주의 군 대 라 -
주찬양하 - 는 - 우릴 막 을수 - 없 - 네 -
주 이름 - 선 - 포 - 할 - 때 - 지 옥 떠 네
네 - 예 - 수 - 그 는 왕의 - 왕 - 예
- 수 - 그는 주의 - 주 - 예 - 수 그 는
유다 의사 - 자 - - 예 - 수 그는
왕의 - 왕 - 예 - 수 그 는 주의 - 주 - 예
- 수 그 는 유다 의사 - 자 -
- 그이 름예 - 수 -

243
찬양해요 하나님의 아들

John Wimber
예수전도단

찬양 해요 - 하나님의 아 - 들 -
예수 - 내주 노래해 - 요 - 성령
님 오 - 셔서 생명을 불 어넣으 소 서 천사
들과 - 함께 - 주께찬 - 양 드 - 릴때 찬
양 - 해 요 - 찬 양 - 해 요 - 찬
양 - 해 요 오 나의 - 수 님 - 경
배 - 해 요 오 나의 - 주 님 -

244
성령안에 행하며

David W. Morris
샬롬선교회

성령안에 행 하며 그자비안에 거 하리 주의
임재안 - 에서 - 기뻐 - 해 - 성령안에 행 하며 그자비안에
거 하리 그의 - 곁 - 엔 - 영원 - 한즐거움이 -
주님의 평 강 - 이 - 우리 맘 에있고 - 그의말씀
- 내안 - 에 - 넘치 네 - - - 우리맘에
시와 - 찬 - 미 - 신 령한 노 - 래를 - 기쁨으로
- 찬양 - 해 - 주 - 님께 -

245
할렐루야 호산나

경배와 찬양

할렐루 야 할렐루 야 할렐루 - - 야 -
할렐루 야 할렐루 야 할렐루 - - 야 -

호 - 산나 호 - 산 나 호 - - - 산나 -
호 - 산나 호 - 산 나 호 - - - 산나

246
창문을 비추소서

Ross Parsley
Matthew Fallentine
인터콥

어둠의그-늘- 땅을덮어-
당신의사-랑-빛의 자녀안에-
그들눈가-려-빛을 볼수없-네--
당신의진-리-타는 횃불같-네--
성령이--여-그들 눈을열어---
열방향--해-그불 높이들고---
영광이--빛-밤을 비추소서-
주의구--원-사랑 비추리라-

창문을비추소 --서-
모든민-족들-영 혼의창문--을-
창문을비추소 --서- 당신의마음의- 불타
눈사랑보-이소서 ---

247
주님의 산

Ruth Collingridge
한국 AGLOW

주님의산 -그거룩한곳 -우리함께
숨결-한마음으로 - 아
오르자 - 지존하신주의
바 아버지 주님께두손들
비밀한곳 앞에나가자
고 - 주경외하며사랑드
-그보혈로정케하신
리세아바아버지 -

248
나 이제 자유하네

Kevin Jonas
샬롬선교회

나이제 - 자유하네 - 주님이
- 죄의사슬 - 부수고 - 나를구해
주셨네 - 나의 발을 높은 곳 - 에두어
- 악한마귀 - 더이상 -
나를막지 - 못하네 - 주님께 감사해 -
내게 자유 - 주셨네 -
Fine
주님이날 - 찾기전 - 엔 - 나를도울 - 자아무
- 도 없었 - 네 - 그러나 - 주 -
어둠 가운 - 데성령 - 의 불을 - 켜 - 나를찾
- 았 네 - 나 이제는 - 의 와 - 평 강 - 으로
D.S.al Fine
- 즐거워 - 하 며 - 주 바라보리 라 나이제

249
이전엔 우리 모두

David Hadden
경배와 찬양

이전엔우 리모 - 두 - 이방 인 과나 - 그 - 네
- 요 - 하 나 님 - 과 단 절됐 - 었 -
- 네 이 제 눈 - 주안에
- 서 - 전에 멀 리있 - 던 - 우 - 리가 - 어
린 양 - 피로 가 까와 - 졌 - 네 -
이제우 리 주 안 에하 - 나 - 된
- 천국 의 시민 - 이 - 요 - - 주 - 님
- 의 - - 거 룩한나 - 라이 - 니 - 이제 우
리 새 언 약가 - 운 - 데 - - 성령의
공 동체 - 되 - 어 - - 주 - 님 - 의 - - 다
시 오심 - 예 - 비 - 하 - 리

250
이 산지를 내게 주소서

예수전도단 이 천
그 - 날에 - 말씀하신 -
이산지를 - 주 - 소서 -
온 전 히 주를 좇아온 저 에게 -
여 전 히 주를 위해싸울 수있 - 사 오니 -
내가밟는땅마 다영원히 나와내자손 의
기업이 되리라 약속하신 그땅을주 소 서 이
산지를 - - 나 - 에게주소 - 서 - 주
님께서 - - 나에게말씀하 - 신 - 주
가 나 와 함께하신 다 면 그들
을 쫓 아 내리 다 -

251
여호와는 내 빛과 구원

이길로
여호 1.와는 - 내 빛과 - 구 - 원 내가
2.와는 - 내 힘과 - 능 - 력 내게
누구를두려워하 - 리 - 여호 와는 - 생명의 - 능
두려움 - 전혀없 - 네 - 여호 와는 - 승리의 - 깃
- 력 내가 누구를무서 워하 - 리 - 여호
- 발 내가 높이들고외 치리 - 라 - 여호
- 리 원수 가 나를향해 진을쳐도 - 내
- 라 적진 에 달려가성 벽을넘어 - 높은
마음 - 두렵지 - 않 - 아 - 환난 날에은밀한곳에나를
곳에 - 올라서 - 겠 - 네 - 내손 가르 - 쳐강한화살
숨기실때 나는 여호와를 - 찬송하리
당기실때 나는 여호와를 - 찬송하리 -
- 여호 와 는 - 내빛과 - 구 - 원 - 여호
- 여호 와 는 - 내빛과 - 구 - 원 - 여호
와는 - 생명의 - 능 력 - - - 여호 와는 - 내빛과 - 구
- 원 - 여호 와 는 - 생명의 - 능 력 -

252

성령의 불로 날 태우소서

Paul Wilber
경배와 찬양

♩=138

성령의 불로날 태우 - 소 - 서

주 는 완전한내 소망

last time to Coda

내 삶을 산 제사 로 드 - 리 - 며

주 만 영원히높 이리

1. 성 령 님 임 하사
2. 거 룩 한 나 라요
3. 거 룩 한 성 령님

나 를 채 우 소서
택 함 받 은 세대
내 게 임 하 소서

힘 과 능 력 부 으 사 영광
하 나 님 찬 양 하 며 모든
세 상 권 세 아 니 요 오직

D.C.

나 타 내 소 서
원 수 멸 하 리
주 의 영 으 로

Coda

주 만 영원히높 이리

주 만 영원히 높 이리

주 만 영원히높 이리 영 원히 영

원히 영 원히 영 원히

253

주여 나를 예배의 도구로

Warren Hastings
한사랑선교회

1. 주여나를 예 배의 - 도구로쓰소 - 서 -
2. 주발앞에 엎 드려 - 예배드립니 - 다 -

- 나의몸과 영혼을 - 찬양의 도구 - 로 -
- 나의상한 심령을 - 주께드립니 - 다 -

- 온전하게 쓰 소서 - 나의왕 - 주님
- 내입술을 여 소서 - 찬양드 - 리리

- 아름다운 향기로 - 날받아주소 서
- 찬 - 미의 제 사로 - 날 - 드립니 다 -

254
주님을 찬양합니다

예수전도단

주 님을 찬양 합니
주 님을 찬양 합니 다 -
다 - 주님을 찬양-
주 님을 찬양 합니 다
할 렐 루 야
주 님을 찬 - 양 주 님을 찬 - 양
주 님을 찬 양 합니
주님을 찬양 합니 다 -
1. Bm 2. B
다 - 다 -
-

255
예수 전능자

Rick Founds
경배와 찬양

예 - 수 - 전 능자 - 반
석 피 난 처되-시 네 -
승 리 하신 - 우 리 주님
- 의 와 능 력 의하-나 님 -
주 앞에 적-들은 -떠 나-가 리
1. C
- 떠 나-가 리 -
2. C

256
야훼

Stephen Hah
경배와 찬양

1. 거 룩 하신 주님 그 발 앞 에
2. 전 능 하신 주님 주 의 이름
엎드려 경 배드림 니 다
부를때 내게임하 소서
야 훼 야 훼 야 훼 -

257
하늘의 전쟁

하늘의 - 전쟁속에서 정사를 - 파해버리며 승리의
- 주예수안에-서리 - 하늘의 - 전쟁속에서 주름대
- 적하는모든- 높아진 - 것던져버--리리 -
공중권세-에무릎 꿇지-않고 우리진리 -로자유
해 원수를발- 아래에 밟아이기 며
우리승리 - 하며서 --리 -

258
영광의 왕 들어가시네

영 광의왕 들 어가시네영 광의 왕 들어가시
-네-영 문들 아 너희머리 들 찌어다 영
광의왕 들어가시 -네- 영 광의 왕이네게
누 구시뇨 전 능하 신 하나 님
- 영 광의왕 들 어가시네영
광의왕 들어가시 -네- 영 -네-

259
고요한 이 시간에

Scott Brenner
경배와 찬양
고 요한 -이시-간에- 주 경배합-니다- 주는
거룩하신하-나 님 나의마 - 음잠 -잠히- 주
찬 양 합니 다 주는 거 룩 하 신하- 나
님 내가 사는 동안- 주님 앞에 엎드 --려모든
영광존귀-를드리 리 나의 생명다해- 주께
경배드 -리리--라주는 - 거룩하신하-나 님

260
유다의 사자 외쳐

Robert Gay
샬롬선교회

유 다 의 사자-외-쳐 -
모든 원수들-의 멸 망선-포-해
용 사 여 일어-나-소 서 -
그 능력의 주앞 -에 - 어느
유 다 의 사자-외-쳐 -
누 가서-리-요 - 영 원 히 다
용 사 여 일어-나-소 서 -
스 리 - 시 네 -
Fine
D.C. al Fine
수의 백성 가운데 -서- 크게 소 리치-소-서

261
나의 하나님 고쳐 주소서

김응래(MOG 7000)

1. 나 의하나 님 고 쳐주소 서 죄악
2. 나 의하나 님 받 으옵소 서 신령
의 하나 님의 사람들을 기억 하 소 서
의 하나 님의 사람들을 일으 키 소 서
에 물든 이땅 을 고 쳐 주소 서
과 진정한예배 를 받 으 옵소 서
일어나라 - 빛을 발 하라 - 여호 와의영광이 - 네게
나 의하나 님 간절히 기 도하오 니 이땅
나 의하나 님 경배와 찬 양드리 눈 이땅
임하였으니 - 깨어 일 어나라 - 빛을 발 하라 -
하 나 님의 사 람 들이 여

262
아바 아버지여

예수전도단 하상욱
주의얼굴구하오 니 오늘내게임하소 서
주의얼굴구하오 니 오늘내게임하소 서 아바
아버지-여- 나-를 만 지소- 서 아바
아버지-여- 나-를 만 지소- 서
오늘 내가- 주님이 필요 하 - 오 니 아바
D.S.

263
외로울때면

이강혁
힘들-고외 로워질때면난항상 느 껴-요 친
구가필요하다는걸 그 럴땐주 님이계시잖 아
바-로네곁- 에 언 제 나 네
곁을떠나지 않 고 친구가되시 는
주님의 그 아름다운사 랑 을 기억 해봐 -

264
내가 내 교회를 세우리니

이길로
내가 내 - 교회를 세우리니 나 의 능력으로
주 의교회를 세우소서 주 의 능력으로
세 우리라내가 세 우리라 음부 의 권세이기지
세 우소서 주여 세 우소서 거룩 한 백성주님과
못 - 하리라 음부 의 권세이기지 못 - 하리라음부
다스리겠네거룩 한 백성주님과 다스리겠네거룩

못 - 하리라 주여 다스리겠네주의 나 라임 하
소서 - 주님의 능 력 나타내소 -서 거룩한
주의백성즐거 이 나아 와주와 함께다스리겠 네 -

265
야, 외쳐라

Dave Bell
경배와 찬양

야! 외 쳐라 - 기 뻐 하라
- 주 님 께서 - 네게 승 리를주셨 네
- 야! 외 쳐라 -
기 뻐 하라 - 주 님 께서 - 네게
승 리를주셨 네 -
그 어떤 권 - 세들 - 과 무
기 도- 우 리를당 할수
- 가 없 으-리 주님
은 우 리의 - 구원 - 의 반 석 -
어린 양의 피-로 써
- 우린승리했네 - - - - -

266
성령의 불을 보내 주소서

한국 AGLOW

성령-의 불을 - 보내- 주 소서 - 주의
성 령 - -의 불- 을 - 주의강 한
- 교 회를 세 우 며 이땅-
지옥- 을
- 정 복 하 - 리 - 1. 승리로 나 가세
2. 승리로 찬 양해
- 다함께 나 가세 - 주의 진 리 로 나가
- 다함께 찬 양해 - 주께 영 광 을 돌리
- 세 - 지옥권 세 - 깨뜨려 버리
- 세 - 그분은 주 - 모두무릎 꿇
고 주의나 라 - 이뤄지- 리
고 예수는 주 - 만유의-
주 - 예수는 주 - 만유의- 주
- 예수는 주 - 만유의- 주 -

267

지극히 높으신 주님 안에

Chris A. Bowater
경배와 찬양

지-극히- 높-으신- 주님 안 에거-하는
계 신곳 에 나거- 하 리 - 라 -
자 그 눈 전능 자의- 그
- -주눈 나 의하- 나 님 -주
늘 아래-거하 리 라- 그 리 라 주는
나 의하- 나 님 - 내가 의 려하눈
나 의피 난 처가- 되 시 며- - -주눈
하 나님 이 라 -
나 의능 력 이되- 시 네 - -주님

268

광대하신 주

Eugene Greco
Gerrit Gustafson
Don Moen

광대 하-신 주 - 전능 하-신 왕
주님 께-영광 - 만물의주-관 자
- 전능 하-신 주 -
- 온세상 위 -에- 가장높으 -신 그
만 물의주-관자 - 하나님께-영 광
-이름- 그능력 크 도다- 만
- 우 리왕께-영 광 -
물을 창조-하 셨 --네-

269
여호와의 큰 열심이

Rosemary Hilvers
중대기독학생회

여호와 의 큰열 -심 -이 내 맘 태우시
네 - -여호와 의 강한 -능 력이 내
영 -혼 -이 -끄시 네 오할렐 루 할렐
-루 -야 할 렐루 야 - -오할렐 루 할렐
-루 -야 할 렐할렐할 -렐루 야 여호와
야 할 렐 루 야 - -

270
눈보다 더 희게

Leon Olguin
경배와 찬양

눈 보다 - 더 희게 - 나의
죄 씻으 셨네날 용서 - 하 시고
- 정결 한 맘주 셨네 보혈
의 능력 으로 - 놀라 운 사랑 으로
- 주님 날 용서 하 사 내 모든
죄 - 사 했네 - -

271
Praise to the Lord

Bob Fitts

전쟁 중에 -도 - - 주는 -평화 - -
- - 약할 때에 -도 - - 주나 -의 힘 나의힘
- 내사랑 - 내생명 - 내기쁨 - 또내 -노 -래 -
- - 놀라 우신주의궁 -흘 찬양해 -

주님 을 - 찬양 -하 리
- 주 - 찬양 -하 리
- 선 하시 -고 - 인 자하 -신 - 크
신 사랑 -위대 하신 -주 나 -의 -주 -

272
성령이여 비를 내려

Russell Fragar
샬롬선교회

성령이여 비를 내려 오
비를 주의
를
위로의 친구 우릴 만져주소서
성령이여 비를 내려 주의
능력과 그의 음성을 들려주서 변화
시키소서 성령이여 비를
성령이여 를 눈과귀와
맘으로도 알수없네 그 비밀한것
하늘의문을 활짝열어 교회들을 변화
시키소서 시키소서 성령이여 를
주의 능력과 그의 음성을 들려
주셔서 변화 시키소서 성령이여

273
온 세상에 가득히

Ron Coile
David Morris
샬롬 선교회

온 세상에 가득히 하나님의영광의 지혜가
물같이바다를 덮으리니 온 세상에 가득히 하나
님의영광의 지혜가 물같이바다를 덮으리라
열 방가운데주의 나라 높이리
그 의백성 담대하게 외치며
주의이름을 선 포하리라 그의
영광 온 땅위에 넘치리 온세상

274

No greater Love

Tommy Walk
C.C.C.

예수보다더큰 사 랑- 그 누구도 줄수
없 네- 우리에게자유 주신-
- 그 큰사-랑 -
세상의헛된보 - 화- 곤 사 라지- -지만
영원한주의사 - 랑- 나의
맘에남-으-리 - 찬 양하
세 영원히 변치 않는 그 사 랑 위대-한
- 그사 랑 내죄 씻 없-네 세 상모
든 능력과 권세 보다 강하신 영원
한 그-사 랑 예수 보다 더큰
사 랑- 그 누구도줄수 없네-
우리에게자유 주신- -그 큰사-랑 -

275

하나님은 우리의 피난처가 되시며

시 46
Stephen Hah
경배와 찬양

하 -나님은 우 리의- 피 -난처가 되 시며-
환 -난중에 우리의- 힘 -과도움 이시라-
너 희는가만히 있-어-
사 랑합니다내 아버지-
주 가하나님-됨 알지어다 열 방과세계가
찬 양합니다-내 온맘다하여 선 포합니다예
윤 -데- 주가 높임을- -받으리 라
수 그리스도 주님 오심을- -기다리 며

■ 축복과 평안 ■

그 때에 이리가 어린양과 함께 살며 표범이 어린 염소와 함께 누우며

송아지와 어린 사자와 살진 짐승이 함께 있어 어린아이에게 끌리며

암소와 곰이 함께 먹으며 그것들의 새끼가 함께 엎드리며

사자가 소처럼 풀을 먹을 것이며 젖 먹는 아이가 독사의 구멍에서 장난하며

젖 뗀 어린아이가 독사의 굴에 손을 넣을 것이라

내 거룩한 산 모든 곳에서 해 됨도 없고 상함도 없을 것이니

이는 물이 바다를 덮음 같이 여호와를 아는 지식이 세상에 충만할 것임이니라

(이사야 11 : 6-9)

276

존귀한 이에게

김현수

존귀-한-형제의 모습- 속에 주의 미소를 보아요
존귀-한-자매의 모습- 속에 주의 눈물을 보아요
- 이- 곳에함-께 한당-신 으로 인해- 큰
- 우릴 위해아-픔 참으-신 주의 사랑- 당
기쁨- 이기지못하죠 - 신을 사랑하게-하
죠 우리모 든죄 감당하-시고- 십
자가에 달리 신 말로다 할-수
없 눈- 주-의 영원 한 - 사랑으 로

당 신을사-랑 해요- 세 상과- 바꿀수 없는- 주
의 피로 사신 당신-안에 영원한-생 명있
죠 - 우리 맘 모아기-도 해요- 한
없 눈-주님의 평화- 아 름 다운 나라
가눈날-까지- 영원히-함 께하 길

277

축복을 베푸소서

Rosie Fellingham
예수전도단

우 리 에 게 축복을 베 푸소서 땅의
모 든 끝 주를경 외 하 리니 -
모 든 끝 주를경 외 하 리니 -
모 든 민 족찬 송 케하 소 서
우 리 에 게 축복을 베 푸소서 땅의
주 찬 송 케하 소 서 -

278
천만년이 지나도

정종원

천만년이지-나도- 마음변함없-어요- 주를향한나-의마-음
나의삶을이-렇게- 축복할수있-을까- 주님만이나-의삶-을
변 함이없-을거예요 -
- 채워줄-수있어요 -
누가
아무것도없-는- 내삶에오-셔서- 신실한약-속-
말씀해주-셨네- 주님만이그-약속- 지킬수있-어요 -
주님만이그-일을- 하실수있-어요 - 오----
사 랑합니다- 오------ 주님 사랑합- 니다
- 너는복의근-원- 너는나의의-미 -
너는나의시-작- 너는나의계-획- 너를통해세-상을-
복 되게하-리라- 너를통해세-상을- 아 름답게하리
Repeat F.O.

279
축복해요

여상원

♩ = 72

축 복해 요 오 늘 이 자
리 주님 의 계획 속 에 만난두사 람 하 나가 되
요 사 랑해 요 주님 의 사랑 으
로 두사 람 의만 남 속 에 서하나님 함 께하 셨
죠 서로다른삶 을 살아 왔 다 해 도 이제 는 더 이
삶 다르지않죠 한 몸되 어 서 로섬기 는 두사
람 이제 는 이가 정 을 위해 기 도하 겠어
요 하나 된 두사 람 가운 데 주님 이 거 하시 도
록 주님 이 거 하시 도 록

280
주님께 감사

한재호

주님께감 - 사 - 주님께찬 - 양 -
위 해 - 당신과 함 - 께 주님을
이 귀한선 - 물 - 내게주셨 - 네
따 라 영원히 - - 살 리 라
당신과함 - 께 - 주님위하 - 여 -
주 님께영 - 광 - 주님께찬 - 양 -
주말씀 따 - 라 순 종 하 리
이복된 날 - 을 내게주 셨 - 네 -
폭풍이몰 - 아 쳐 도 어둠가운 - 데 서
도 그어떤시련 - 이 내 게 다가올지라 도
사랑하면 - 서 서 로 붙잡아주 - 며 서
로 이해하면 - 서 두 손 꼭잡고 함께가
리 - 라 주님안에 - 서 -
한몸 이 - 뤄 - - 주님을

281
사랑의 다리

예수전도단 이 천

당신과 하나 - 돼 함 께하 - 기 를 -
원하 고 계시 - 는 하 나님 -
아름 다운주 - 의 뜻 을따 - 라서 - 당
신을 - 섬 기리 - 영 - 원한 - 사랑의
다 리가 - 되리 - 주의 사랑 과 - 당신영 혼이 -
회 복되 - 도 록 - 그 - 렇게 - 새롭게
태어나 - 주의 빛 을발 - 할 당신을 - 위 해

282
주님의 마음

조영준
-의 사랑이 내게있어요 - 그사랑
- 나에게 보 여 주셨죠 - - 주님
내 맘에 -주 님이계 -셔- - 주님
-의 사랑이 내게있어요 - 나의마
-의 사랑알 -수 가있어 요
-음에 주 님이-계셔 요
주 사랑 -내 맘에있 -어- - 이제
눈 주만 사 -랑해 -요- - 주님

283
사랑합니다 나의 예수님

사랑합니 다 나의예수 님 사랑합니
사 랑한다아 들 아 내 가너를 잘
다 아주많이 -요- 사랑합니 다 나의예수
아노라- 사 랑한다아들 아
님 사랑합니 다 그것뿐예 요
네 게축복 더 하 노라-
* 내딸아

284
축복송

이국현 사
서옥선 곡

온 세 상 이 아름답게 피어오르고 기쁨이 가득한
이 봄날에 그 대 의 두 손에는 장미꽃보다
사랑의 나의 마음 주고싶어라 따 스 한 햇살받아
사랑을입고 춤추며 속삭이는 이 한날에 그
대 의 가슴에는 진주옷보다 진실한 나의노래
담고싶어라 오 늘 을 걸어갈때 나 내
일 이 밝아올때 나 오 하 나님의크신 축 복
그대에게 내리리 라 하루 하 루살아가는
인생속에서 꽃처럼 피어난 그대에게 두손
모 아 간절하게 기도하네 당신의 앞 길에
축복있으라 (간주)

이 봄날에 그 대 의 두손에는 장미꽃보다
따 축복있으라
하나님 당신에게 축 복 하소서
축 복 하 소 서

285
영원한 사랑

주성필

사 랑 을 나눠요 주 께서주 신 사랑을
둘 이 하나로 되는축복을 주 께서예비하셨죠
믿 음을 간 직해요 한 맘으로주 를 얘기 해
요 소망 가 지 고 주 를노 래해 요
사랑
한없는 그 사 랑
영원한 사 랑

286
축복하소서

예수전도단 이천

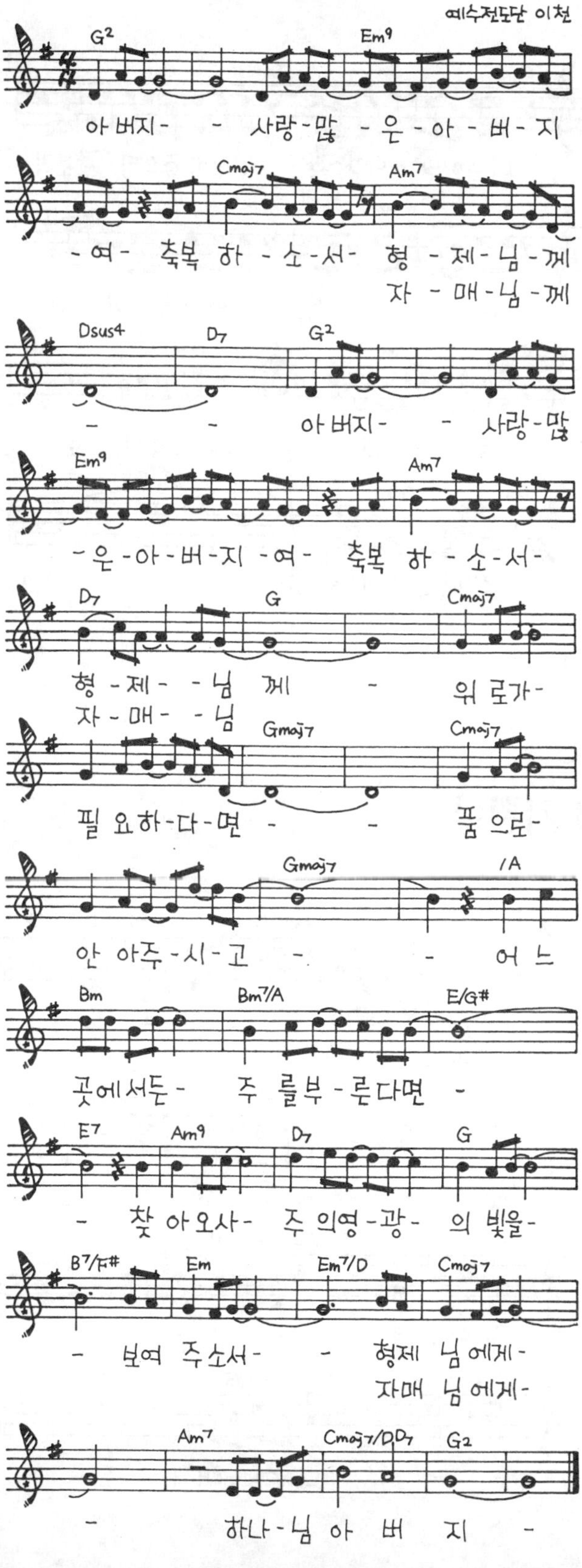
아 버지 - - 사랑 - 많 - 은 - 아 - 버 - 지
- 여 - 축복 하 - 소 - 서 - 형 - 제 - 님 - 께
자 - 매 - 님 - 께
- - 아 버지 - - 사랑 - 많
- 은 - 아 - 버 - 지 - 여 - 축복 하 - 소 - 서 -
형 - 제 - - 님 께 - 위 로가 -
자 - 매 - - 님
필 요 하 - 다 - 면 - - 품 으로 -
안 아주 - 시 - 고 - - 어 느
곳에서든 - 주 를부 - 른다면 -
- 찾 아오사 - 주 의영 - 광 - 의 빛을 -
- 보여 주소서 - - 형제 님 에게 -
자매 님 에게 -
- 하나 - 님 아 버 지 -

287
강물같은 주의 은혜

정종원

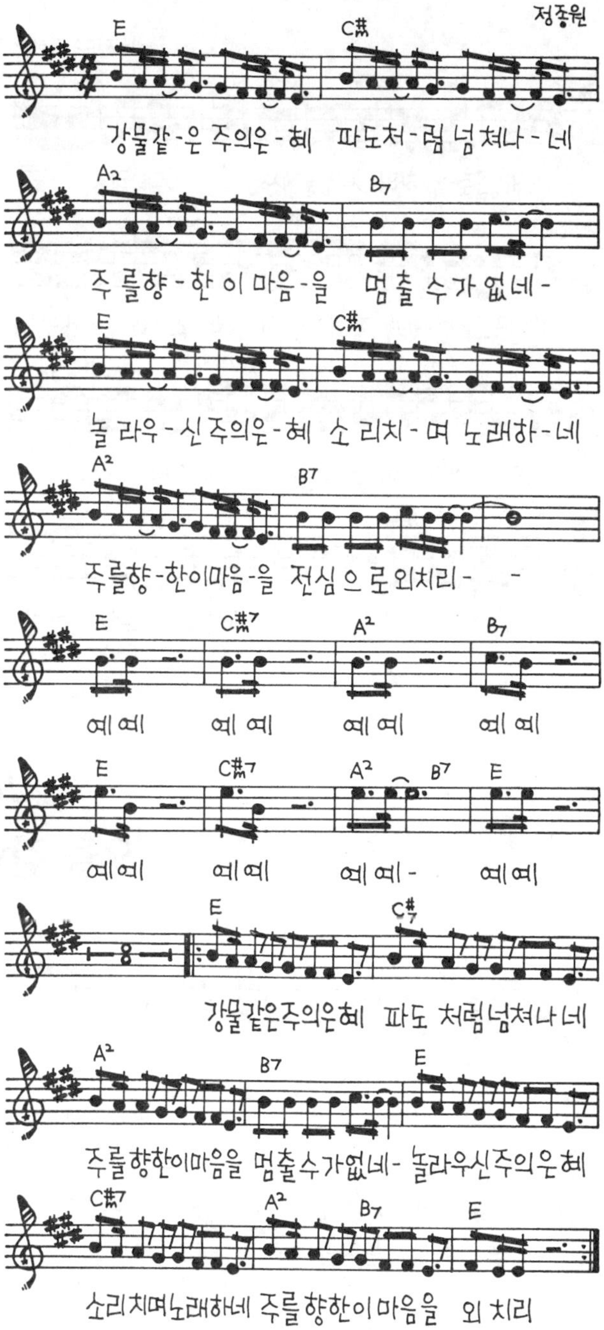
강물같 - 은 주의은 - 혜 파도처 - 럼 넘쳐나 - 네
주 를향 - 한 이 마음 - 을 멈출 수 가 없네 -
놀 라우 - 신 주의은 - 혜 소 리치 - 며 노래하 - 네
주를향 - 한이마음 - 을 전심 으 로 외치리 - -
예예 예예 예예 예예
예예 예예 예예 - 예예
강물같은주의은혜 파도 처럼넘쳐나네
주를향한이마음을 멈출수가없네 - 놀라우신주의은혜
소리치며노래하네 주를향한이마음을 외 치리

God Bless You!

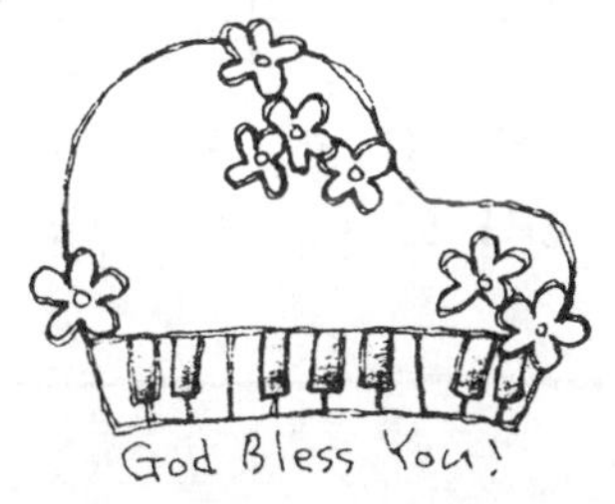

288
복의 근원2000

예수전도단 하상욱
세상을축복-하라 세상을제자삼-으라 주의나라임-하-도록
너는 아버지-의영-광 세상이 주의영-광보리
당신을부르셨--네 강하고담-대-하라 주께서함께하-시니
너는아버지-의축-복 생명이흘러가-리라
주의영광위해일-어나라 온세상을네손에-부탁 하셨네-
너는 아버지-의비-전 온세상의축복의-통 로
너는아버지-의계-획 세상을 축 복하-리라
온세상의축복의-통 로

289
오늘 같이 기쁜날

이유정
우 리가 만난 것 은 하늘의축-복
우 리의 마음 속 에 가 득한평-화
십 자가 앞에 내려놓고 희망의나라 로
하 늘의 축복 가-득한 아름다운세
새 들도 예쁜 꽃들도 기 뻐하네요
하 늘의 해와 별들도 누 릴수없네
상 라 라----- 오늘
너 의아프던 날 들 나 의방황의 뜰
너 와나 하나 되 어 사 랑을전해요
같 이기 기 쁜 날 라 라-----
--- 다함께노래해 요

290
이렇게 아름다운 하늘 아래

조현주 사, 남경식 곡

이렇 게 아름다운하늘 아래 일생
모두

중 가장아름다운 모 습으로- 우- 리 마주보는눈길
가 축하하는사랑 의 노-래-하 늘 의 천사들과우리

속 에 하나 님의 축복이함께 합니다-
모 두 기쁨 으로 당신을축복 합니다-

지- 친가슴 과영 혼 마음으 로 위로받
행- 복한새 가정 에 하나님 사 랑깃들

고 거- 친 세상속-의 상-처 한
고 둘- 이 하나로-살 아-갈- 영

맘 으로 어루만져질사 랑 의터전- 오늘
원 토록 넘-쳐나는하 나 님축복-

푸르른하늘아래- 눈부신저햇살에- 두사람-이이루는-사

랑 의서약 참된 사랑 기쁨 평안이- 주 안 에서하나되어-

행 복- 한가정을- 축 하 하 리

이렇 리 오늘 푸르른하늘아래-

눈부 신 저햇살에- 두사람-이이루는-사 랑 의서약 참된

사랑 기쁨 평안이- 주 안 에서 하나되어-

행 복- 한가정을- 축 하 하 리

그러나 주의 날이 도둑 같이 오리니
그 날에는 하늘이 큰 소리로 떠나가고
물질이 뜨거운 불에 풀어지고 땅과 그 중에
있는 모든 일이 드러나리로다

벧후 (3:10)

291
형제가 연합해 동거할 때

David Ruis
경배와 찬양

형 제 가 연 - 합 해 동 거 할 - 때
우 리 도 - 하 나 되 어 서
주 께 서 축 복 하 - 네
한 - 마 음 과 한 뜻 으 로 연 합 해
보 배 로 운 기 름 넘 치 는
사 랑 하 게 - 하 소 서 -
곳 에 우 리 하 나 되 리
우 리 - 벽 을 넘 - 어 서 막 힌 담 을 허 - 물
한 몸 으 로 우 릴 부 르 - 사
고 - 우 리 벽 을 넘 - 으 리 예 수 이 름 으
친 구 삼 으 셨 네 - - -
로 우 리 - 벽 을 넘 - 어 서 막 힌 담 을 허 - 물
세 - 상 끝 날 까 - 지 성 령 안 에 서
고 - 하 - - 나 - 되 리 -
하 나 되 리 - - -
Coda only
하 - - 나 - - 되 리 -
예 수 께 서 기 도 하 - 신 것 처 - 럼

■ 특별찬양 ■

만일 누구든지 이 두루마리의 예언의 말씀에서 제하여 버리면

하나님이 이 두루마리에 기록된 생명나무와 및 거룩한 성에 참여함을 제하여 버리시리라

이것들을 증언하신 이가 이르시되 내가 진실로 속히 오리라 하시거늘

아멘 주 예수여 오시옵소서

(요한계시록 22 : 19-20)

292
하나님 나라는

이유정

하 나님 - 나 라는 -
이 - 땅에 - 이미시 - 작된 - 나 라 -
주 님이 - 오 시 는날 -
영 - 원히 - 완성 되 는 나라 -
수 많은 - 나 - 라와
미 움도 - 시 - 기도
백 성들 - 기다
슬 픔도 - 고통
렸 던그 - 나 - 라 - 오 랜세
도 없는 - 나 - 라 - 사 자와
- 월 속 - 에서 - 그 - 토록
- 어 린 - 양이 - 다 - 함께

- 찾아헤 - 메 이 던땅 -
- 뛰어놀 - 거 룩 한땅 -
우리가 바 라는 - 것은 - 보이
지 않는 - 나 라 - 오직 성 령안 - 에의와
평 강과 - 기 쁨 -
하 나님 - 나 라는 -
이 - 땅에 - 이미시 - 작된 - 나 라
주 님이 - 오 시 는날
영 - 원히 - 완성 되 는 나라 -

F.O.

293
예수 온 땅을 다스리시는 분

예수전도단 이천
예 수 온땅을다스리 시는분 예 수 구 원의그이
아직어둠이있 는곳에 주의이름높이 며
름 예 수 소리높여모두 외치세 주
주의나라를선 포할때 매 였던영혼들 - - 자
의 거룩하신 이름이 죄 와 사망권세 를 이겼
영원하신 생명이
유케되리라 - - (예) 유케되리라 - - 모
네 십 자 가위에 - 흘려주 신
두 - 예 수 온땅을다스리 시는 분 예
생명의보혈이 - 온 땅을덮도록 - 성 령 하나님 -
수 구원의그이름 예 수 소리높여모두 외치세 주
교회위 에 지혜와 - 능력을 - 부어주시네 -
의거룩하신 이름이 죄 와사망권세 를 이겼 네
영 원 하신 생명이

홍수 전에 노아가 방주에 들어가던 날까지 사람들이 먹고
마시고 장가들고 시집가고 있으면서 홍수가 나서
그들을 다 멸하기까지 깨닫지 못하였으니
인자의 임함도 이와 같으리라
마 (24 : 38 ~ 39)

294
주님 계신 그 곳에서

영감을 가지고
♩= ca. 52
Don Moen
함태숙 역

주님계신 그 곳-에 서 -
주계신 -그 보- 좌 앞-에
경배드리 기 원-하네 -
나를 받 - 아주-소 서 -
나 간절히원 하 네   거룩하신
이 -름-   언약하신 성령
크 신영광나타 내-심-   주님
앞 -에-   엎드려 경 배드- 리-
네   오직 주 -님만-

오직 주 -만 섬--기리 -
나 의-주   내 입의
노 래-되 사 -   내 영혼 낙-망 할
-때 나를 지 켜주-시 네 -
주님계신 그 곳-에서 -
영원 한 -그 보- 좌 앞 -에
경배드리 기 원-하네 -
오직 주 -님만-   오직 주
-만 섬--기리 -   -

295
사도신경

창 1:1
고전 15:13
♩=84
김응래(MOG 7000)
Em C D
Am Em Am
전능하사천지를-만 드신하나님아버지를 - -내가믿사오
전 능하-신- 하나님우편--에-앉 아 -계시-다
Em D
Em C G
-며- 그 외아들우리-주-예 수 그리스-도
가 저리로 서 산자-와 죽 은자를-심판하러
C B7 Em
B7 C D7 G
를 -믿사오 니 이는 성령으로 잉-태-하
- -오시리 라 성 령을믿-사- 오
C D C B7
D C G
사 -동정녀 마리아에게- 나 시 고 본
며 거룩 한공회 와 성 도가서로교-통
Em C D
D C G D
디오빌-라도에게-고 난을받으사-십자가에 - 못박혀
하 는것과 -죄를 사 하여-주시는-것 과 -몸이
C B7 Em Am
C D C D
죽 으시 고 장 사한-지-
다시- 사는-것 과 영 원 히사는
Em Am Em
G Em Am D7 G
사 -흘 -만--에-죽은 자 -가운데 서 다-
것 을믿 사 옵나이 다 아-
Am Em D G B7
C E
시 -살아나 시 -며하늘 에 오르 사
멘-- 아- 멘-- 아 멘 -
만물의 마지막이 가까이 왔으니 그러므로 너희는
정신을 차리고 근신하여 기도하라
벧전 (4:7)

296
주님 나라 임했네

예수전도단 이 천
하나뿐 인 귀한아 들
우리를위하여 값없이 주신 하 늘-아버 지- -
그 사랑 이 흘러넘 쳐 이땅을 가득히
적시며 새 롭 게-하시 네- - 백 성
들 -귀하 신 어린 양 의 십 자 가
죽으 심으 로 - 구원 받아-
- 다 시-금 아 버지와 하나 되 네- - 주님
주님의 나라가 임했네
의 나라 가 이땅 위 에-임했 네 죄-
죄- 와 어둠 에 오
와 어둠 에 얽매 였 던-백성 들
돌 아오 네 기 쁨으 로 노 래-부르 며 하
아 - 아 -
나 - 님 아 버지의 자녀 되 어-
- 주님 - 오 네 -

복스러운 소망과 우리의 크신 하나님 구주 예수 그리스도의
영광이 나타나심을 기다리게 하셨으니
딛 (2 : 13)

297

땅끝에서부터

Don Harris
& Garry Sadler
경배와 찬양

땅끝
땅끝 에서 부터 -
강한 자들이나 -
자들이나 -
모든
에서 부터 -
바다
모든 입술로 주-를 다
바다 깊은곳에 -
입술로주-를
다
깊은 곳에 -
하늘
찬 양 하 라
하늘 높은 곳에 - - 도
이세상 끝 날 까지
높임을
높은 곳에 - - 도주 찬 양 해
받으소서 주 이 름 -
주 찬 양 해 약한
만물의 주권자를
열방중에 높일지라
약한 자들 이나 -
주 이 름 찬양하라 - - -
자 들이나 -
강한

298

주 성령의 불로 새롭게 하소서

Eric Nuzum
경배와 찬양
♩ = 65
주 성령의- 불로 - 새롭게하- 소서
- 나는증 거하- 리 -라-
새 힘부어주- 시고 - 자유 - 케하소서
- 새사람-되- -리- 나의이-름부르
시며- 인도하신-주 -님-
나의 갈급함- 아 시 오--니-
변화되게하- 소- 서
주 성령의- 능- 력 내 맘에임-하-
사 새롭게하- 소 -서-
주 영광의하- 나 - 님 내주인되- 시-
니 날받 으- 소- -서-
온 맘으- 로 주 찾을 때
은 밀한- 중에주 만나리
주 얼-- 굴구 할-때
나로주를보- 게 하소서 -
새롭 게하소 - -서-
새롭 게하소 - -서- -

299
예수 주 승리하심 찬양해

John Gibson
영동제일교회
예 - 수   주 승 리하 - 심 찬
- 양 해 -   예 - 수   주
사 랑놀 - 라 와 -   예 - 수
자 유주 - 심 기 - 뻐 해 -
예 - 수 생명 - 을주 - 셨네 -
구 원의주 - 님 - 자 유 케 하셨 네
- 모 든 죄의 - 멍 에 - 를 - 주가
깨뜨 리 셨네 -   우 리 기뻐 - 해 -
승 리 의주님 -   우 리 마 음 주 께향하
네 -   주님 의성 - 령 - 내
안 에 계 시 니   담 대 히 주께 - 나 갈
- - - 담 력 을얻 - 었 네 -
주 임 재안 - 에서 문 제 눈 사 라져 -   우
리 마 음 주 께향하 네 -

300
거룩하신 주의 이름

예수전도단 이 천
거룩 하신 - - 주의 이름 -
- 백 성들의 합 당한찬송 홀로받으
- 거룩 하신 - - 주의 이름 -
옵 - 소서 - 거룩하신 주 하나
- 거룩 하신 - - 주의 이름 -
님 - 찬 - 양과 - - 영 - 광과
- 거룩 하신 - - 주의 이름 -
- - 지혜와감 - 사와 - 존
만 군 의 주여 호와 - - 전
귀 능력 - - 세세토록 -
능 - 하신 - 창조 주여 - - 온
돌 리 리 라 받으 - 소 서
땅 위에 거룩 하신주하나님 영 - 광이
- 주 하 - 나 님 -
- 충 만하게 임 하였 나이다

너희도 길이 참고 마음을 굳건하게 하라
주의 강림이 가까우니라

약 (5 : 8)

301
광야

예수전도단 이 천
언제-라도 - 내가-높아
-져-있-을-때 - 스스-로는
낮아-지길 - 원치않을-때
- 광야 그 -곳-에-서
날 낮추시는-주-님 -
오로 지주 -님-만--바 라볼수있-도-록
주님앞 -에-서- 형제앞
-에-서- 스스로 낮 아지-도-록
주님날 다 -루-시-네
주님날 다 -루-시-네
주님앞에 서 - 주를바라
며--- 주님앞에 머 물고-있-어
-요- 내영 - 새롭게하소 서
- 아버지 -여- - 주님앞에
정 결케-하-소 -서- 주님 -
Fine
- 내 가는길은 오 직주님 만아시 니
- 그 가나를 단련한후 에 는
- 내가 정금같이 주님 앞에
거룩히나오리 라-- 내가 정금같이
주님앞에 거룩히나오리 라 - 주님앞에

302
바른 생활

조영준
나의밝은눈을 보아요 주님의사랑이- 내눈속에
내 삶의 힘겨운 모든걸 주 님께맡겨드려
보여요- 나의밝은미소 보아요 주님
요-- 그 분안-에 희망이 있기-에 우
의 미소가-내입가에 있어요- 힘들었던기-억들은
리안-에 희망이 넘쳐-요 힘들었던기-억들은
잊어버리고- 좋지못한과거들은 떠나보내요-
잊어버리고- 좋지못한과거들은 떠나보내요-
우리삶의모-든것을 주께맡기면- 그대미래희망이있
우리삶의모-든것을 주께맡기면- 그대미래희망이있
-죠- 그대미래희-망속에 있는-건-
-죠- 그대미래희-망속에 있는-건-
그대삶을주-님손대 시잖-아요 그대앞에어-려움다
그대삶을주-님손대 시잖-아요 그대앞에어-려움다
가와-도- 이젠쉽게넘-어지진 말아-요
가와-도- 이젠쉽게넘-어지진 말아-요
D.S.

303

그날에

이길승

그 날 그날이오-기 를 -
- 도록 - 언젠가주 - 님오 - 실날 - 기
기다려요 - 난 기다려요 - 예 수
뻐하며맞 - 이 하 - 도록 - 그날 에
영광의왕 - 이 여 - 곧 오소서 -
- 그날에 - - - - - - 그날 에 그날에 - -
나의인 생이 - 주를바 - 라며 - 주
우 - - - - 간주 solo
- 를섬 - 기며 - - - - 주 - 오실그
예 - 음 - - - - - 그날이오 - 기 를
- 날을 - 힘써 - 준비 - 하리 -
언젠가주 - 님오 - 실 - 때 - 기 뻐하며 - 노래 하
기다려요 - 난 기다려요 -

하나님 앞과 살아 있는 자와 죽은 자를 심판하실

그리스도 예수 앞에서 그가 나타나실

것과 그의 나라를 두고 엄히 명하노니

딤후 (4:1)

304
네 안에

이강혁
네안에 착한일을 - 시작하 - 신이는 - 그
것을온전-히 - 이루실것-이라 절망가운 - 데빠져
헤메일지 - 라도 너의슬픔을 - 희망으로 바꾸어
라 너의 힘 과지 - 혜 - 모두 내려놓고 - 전
능 하신 - 네구주를 - 의지하라 - - 내가
사는동안 - 아무 염려말고 - 신 실하신네구주를 -
신뢰하라 - 네가 사는동안 - 아무 염려말고 - 성
실하신네구주를 - 믿으라 -

너의 신뢰하 라
이것을믿 으라 - -
그 는 결코너를포기 하 지 - 아 - 니 하 시
너 는 그의 보물이며 네안에서 - - - 그의
리 - 라 - 우 - - 우 - - - 우 -
기쁨을 - 찾으시기 때문이 - 라 - -
그 는 결코 너를포기 하 지 - 아 - 니 하 시
너 는 그의 보물이며 네 안에서 - - - 그의
리 - 라 - 우 - - 우 - - - 우 -
기쁨을 - 찾으시기 때문이라 - - -
우 -

내가 너희를 고아와 같이 버려두지 아니하고
너희에게로 오리라
요 (14 : 18)

305
주의 성령이시여

Ruth Collingridge
한국 AGLOW
주의- 성령이 시여   내마음 에 거 하사
상한마음-치 - 유하 고--- 새롭게하-소서
강퍅한내-영 - 혼을- 정결케하소서 -
- 주경- 배-하리 - 주 경- 배-하리-
- 주경 배- 하-리라- 주경배- 하-리라-
겸 손-과 신령 -과-진-정으로
겸 손과- 신령 -과-진-정으로
- 주경- 배-하리- 주경-
- 주경배- 하-리라- 주경 배-
배-하리 겸 손-과 신령
하-리라- 겸 손과- 신령
- 과-진-정으로 - 주경-
- 과-진-정으로 -
주의- 성령 이 시여   내마음에 거하사

306
어둠의 세상에

Twilla Paris
예수전도단
1.어둠 의세 상에 빛을 전하- 라
2.눈먼자들 에게 빛을 전하- 라
주 님의사 랑을-- 온 세-계에
온 세계에 우 리-- 전하-리라
온 세-계에 구 원자 되-신
전하-리라 우 리위해-서
주 님을 전 하-라 Car-ry the- Light
죽 으신 주 님-을
- Car-ry the -Light 가서전하라----
모든사람들-에 게 - Car-ry the Light
- Car-ry the- Light 가 서전하라----어
둠의땅-으로 주님 의이름으로 - Car-ry the-
1.F 2.F
Light Light
가 라온세상- 향 해 가 라온 세상- 향
해 And Car-ry the- Light
- Car-ry the Light 가 서전하라----
모든사람들-에 게 - Car-ry the-
Light - Car-ry the- Light
가 서 전하라---- 어 둠 의땅-으로 주님
의 이름으로 - Car-ry the-
Light주님의-이름으 로 Car-ry the-
Light 주 님의 - 이름으 로 Car-ry the
Light the Light Car-ry the- Light

307
새하늘, 새땅, 새천년

김응래(MOG 7000)
♩=84
새하늘- 새땅- 새천년- 새-영- 새마음
새노래- 여호와의날- 그 날-이- 속 히 임하
리 전쟁과-환난 이 땅가 득 할때-
고 난과- 핍 박이땅에 넘 칠때- 주님
오 심을- 기 다리는- 주 의 백성 들
주님의-영광온땅을 덮을때- 흰옷을-입은하나님의
사람들- 주님 오실날- 공 중에서- 주
영 접하 리 주 님의성령- 인 도 하시네-
주의 백성- 들 주 님 의성령-
증 거 하시네- 예수 그리스 도 임하소
서 예 수 임하소 서 예 수 임하소
서 - 서 주 예수여- 오시
옵 소서 주 예수여-오시 옵 소서마라나타
- 아- 멘 마라나타 - 아-
멘 마라나타 - 아- 멘
멘 마라나타 - -

이것들을 증언하신 이가 이르시되 내가 진실로
속히 오리라 하시거늘
아멘 주 예수여 오시옵소서

계 (22 : 20)

프 레 이 즈 VOL. 4

편자 : 편집부 / 악보정사 : 박아 영
발행처 : 비전북출판사
전화 : (02)3141-9090 / 팩스 : (02)3144-6620
공급처 : 비전북
전화 : (031)907-3927 / 팩스 : (080)403-1004

값 4,000원